どんな日もエレガンス

Élégance, toujours

ドメストル美紀

大和書房

はじめに――

「ごく普通」の育ちでも、エレガンスは身につけられる

ベルサイユより、ボンジュール！

この度、フランス貴族流エレガンスへ道案内をする大役を務めさせて頂くことになりました。どうぞ宜しくお願い致します。

エレガンスという外来語は割と気軽に使われていますが、じゃぁ、エレガンスって何？　と聞かれると言葉に詰まりませんか。私自身、これ！　という答えが見つからずにいます。辞書を引くと、「上品な美しさ」「優雅」などという言葉が並びますが、これでは納得がいきません。そういった印象はどこから来るのか、どうすればそうなれるのか、そんな〝エレガンスの正体〟を突き止めたく、今回ペンを執りました。

私がエレガンスに興味を持ったのは、夫と結婚してからのことです。それまでは、エレガンスとは遠いところにいました。私は普通のサラリーマン家庭で育ちました。ごく普通に公立校に通い、大学を出て働くようになり、その後、三十代の初めに思うところがあってフランスに留学し、そこで夫と出会い、結婚して、と「普通」な流れで来たのです。**ただ一つ、普通でなかったのは、夫が伯爵家の末裔だったこと。**「もう時代は二十一世紀。貴族だろうと、庶民だろうと、変わるところはないよ」という夫の言葉を信じて結婚しましたが、いやいや、そんなことはありませんでした。

まず、結婚すれば、相手の家族ともお付き合いせざるを得ません。特に貴族階級では、週末やバカンスを義理家族と共に過ごすという慣習が残っています。義母は伯爵夫人だけあって伝統を重んじる方です。義母の妹である義叔母イザベルはちょっとあまのじゃくで、義理の姉アンは、自分を曲げない人。そんな個性が強い女性達（男性達もいますが影が薄いかも？）に囲まれて、私の結婚生活は始まったのです。

加えて、義理家族以外にも、貴族階級ならではのお付き合いがありました。フランスには未だに爵位を持つ人が何千といます。そういう方達が、パリ、ベルサイユ、そして地方都市にて社交サークルを作っているのです。似たような環境で同じような倫理、教養教育を受けて育った人達が寄り集まってできた社交サークルですので、少々癖があります。そんな方達の中に、私は三十代半ばから仲間入りすることになったのです。

初めの頃は緊張と失敗の連続でした。しきたりが大きく異なるのであれば、逆にわかりやすかったのかもしれません。でも、「時代は二十一世紀」です。**貴族であろうと、着ている服は同じですし、食べるものも同じ。住まいも一般の方と変わりません。でも、何かが違う。同じ服でも、同じ食べ物でも、同じ住まいでも、何かが微妙に異なっている。それが何とも素敵で、エレガントに映りました。**

それで私も、エレガンスとは何か、ということに興味を持ったのです。

まず、彼女達の暮らしや食事や装いの流儀を紐解いていきました。インテリアはどこにこだわっているのか。食卓では何に気をつけているのか。どういう時にどういう装いを纏うのか、などなど。

すると、**エレガンスとは上辺の話ではない**ことが見えてきました。「これとこれを着たらエレガントに見える」、そういうことではなく、どうしてその装いにしようと考えたのか、そこが大切なようです。

それで私も、義母を筆頭に、周りのベルサイエ・マダム（ベルサイユの住人のことをそう呼びます）達の考え方を理解しようと努めました。

そうしてわかってきたのは、**エレガンスは生まれながらに持っているものではなく、「暮らしの中で大切にする価値観で養われるもの」**だということ。

そうなのです。エレガンスの条件は「お金持ち」でも「目鼻立ちの整った美人」でもありません。また、特別な時だけ特別な振る舞いをすれば醸し出されるものでもありません。**日々の小さな一つひとつとどう向き合っているか、その姿勢が鍵のようなのです。**

ほんとに、あと少しで、彼女たちが素敵に映る本当の理由がわかりそうなのですが、どうなることでしょう。

本書では、**美しい貴族階級の暮らしぶりを皆様に紹介しつつ、そこで見つけたエレガンスの秘訣をお伝えしていければ**と思っています。そんなエレガンスへのジャーニーに、皆様も、フランスを旅しているような気分でお付き合い頂けたなら嬉しい限りです。最後のページを繰る頃には、皆様にそのエスプリをお渡しできるよう、旅程を組みたいと思っています。

世界は大きな渦の中にあります。**どんな環境下でも、エレガンスを失うことなく、毎日を素敵に、自分らしく生きる**、そのヒントを、この本から見いだして頂けますように。

Allez, on commece le voyage!（さあ、出発しましょう）

もくじ

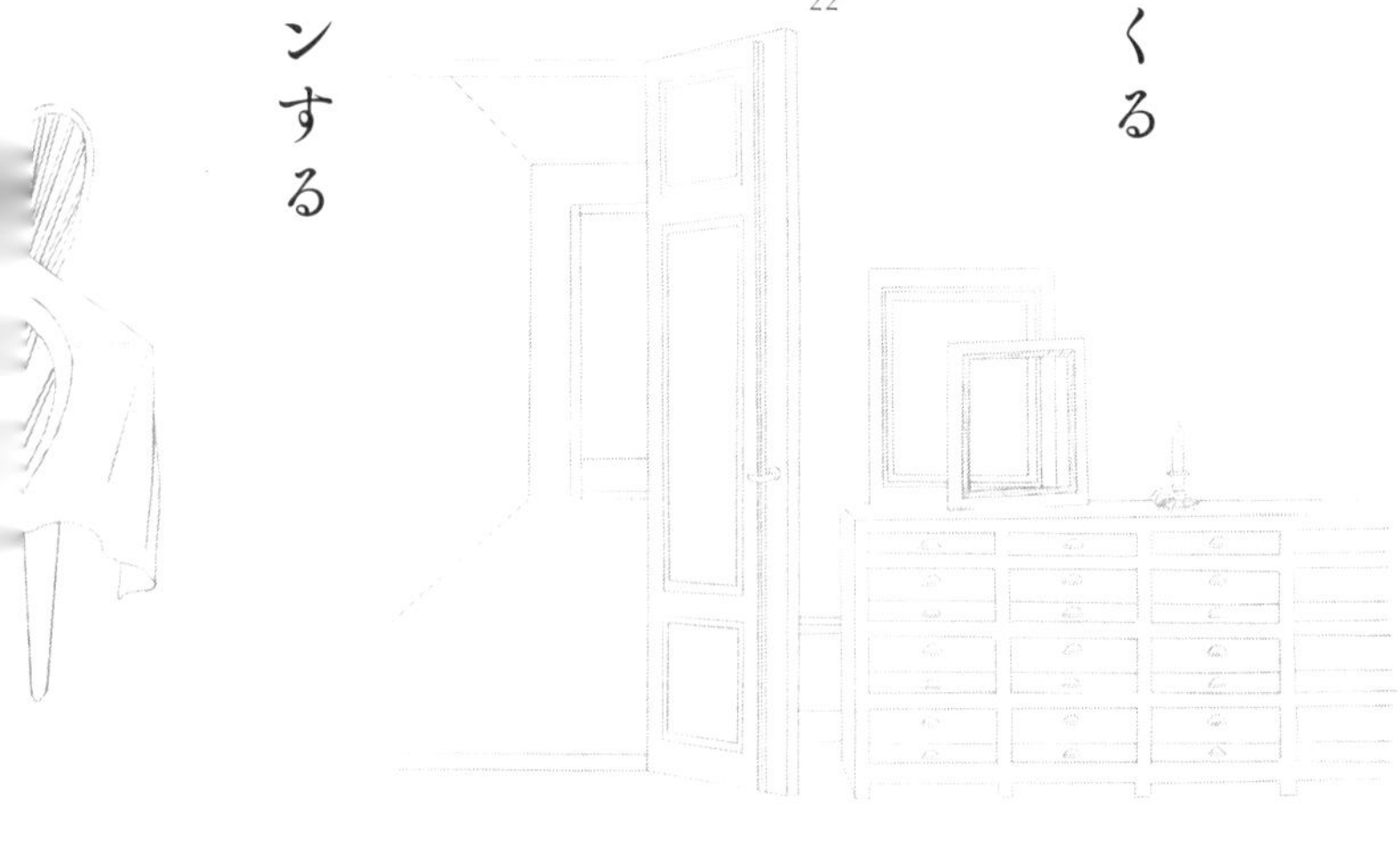

第3章

装いはあなたの〝人格〟を語る

第4章

「女」を楽しみ続けるからいくつになっても色あせない

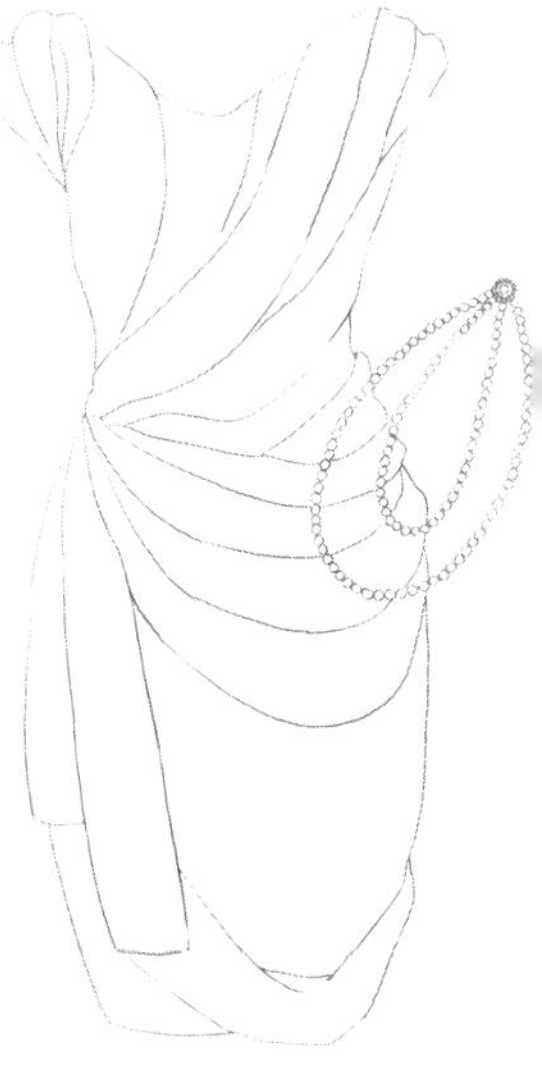

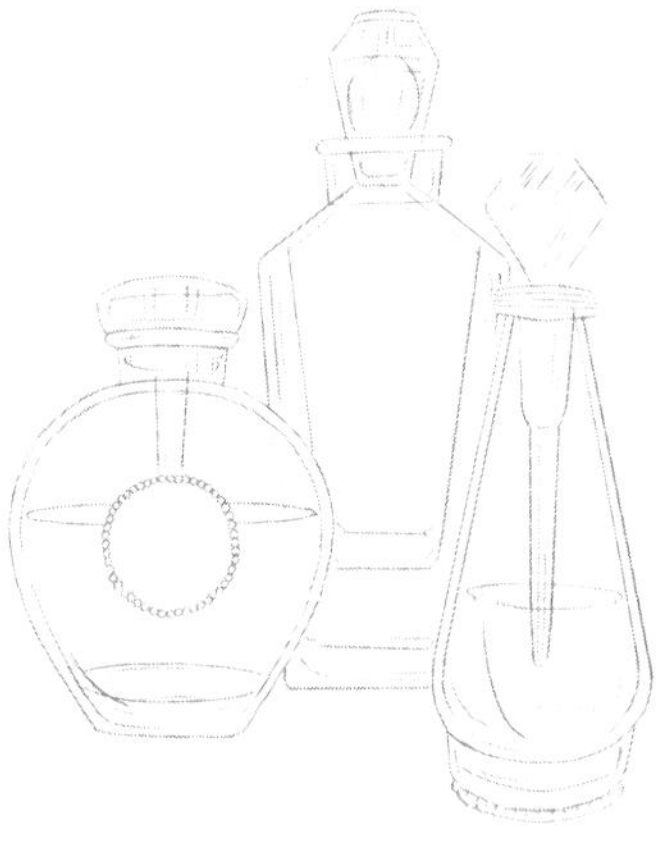

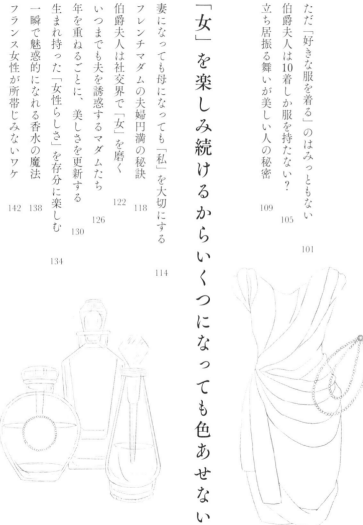

第5章

社交界に通用する「美しい考え方」とは

第6章

どこにいてもエレガントに生きられる

第１章

毎日の暮らしが
上質な人生をつくる

家は舞台と心得る

みなさんは、どんなお家にお住まいですか？

築五十年の庶民的な一戸建てが、わがホーム・スィート・ホームです。前世紀初めに建てられた家が軒を連ねるフランスでは、まだ「近代建築」に入れられます。

でも傷みは激しいし、見た目はしょぼいし、使い勝手もすこぶる悪い、と見事に三拍子揃ったボロ家であることには変わりはありません。そこで住み始めて一年経った頃に、改装工事をすることに決めました。

どんなふうにしようか、と建築本、インテリアのサイトを見てワクワクしたのは、私達家族だけではありませんでした。いつもは落ち着いている義母が、「Trés bien!」と感嘆の声を上げたのです。

実は彼女、その昔、建築家になりたかったそう。今でも、ル・コルビュジエやマレ＝ステヴァンスの建造物を見学したり、関係書を読んでいるような方なのです。

でも、義父がクラシックなスタイルを好むため、パリでは十九世紀末に建てられたオスマニアン様式のシックなアパルトマン（集合住宅）に、田舎では十七世紀に建造されたシャトー（お城）に住んでいます。なので義母は、大好きな近代建築・インテリアは眺めるだけでした。

そんなところに、私達が新しい（築五十年ですが）家に住み始め、さらには、それを改築するという展開になったものだから、嬉々としてアドバイザー役を買って出てくださったのでした。

私は義母の美的センスに絶大なる信頼を寄せていますが、家に関しては、あまり口出ししてほしくない、という気持ちがありました。義母と私の、家、そして家族に対するスタンスが違うことは知っていたのです。

義理両親のパリのアパルトマン、そして別荘のシャトーは、いつ訪れても整然としていて、美術館のように素敵です。しょっちゅう人の往来があり、社交の場となっています。

でも、子どもにとってこういう家ってどうなのだろう、と疑問を持っていました。実際、夫に話を聞くと、彼は小学校から全寮制の学校に入っていたため、家に帰ってくるのは週末だけだったのですが、パリのアパルトマンにはいつも客人がいて、サロン（居間）やサラマンジェ（食堂）でくつろぐこともできず居場所がなかった、と暗い顔で語ります。だから、夫はもっとアットホームな家を作りたい、と言っていて、私も、自分が育ったような、「普通」の家を作れれば御の字、と思っていたのです。

それなのに、義母は、うちへ来るなり、

「このエントランス、ちょっと貧相よね、変えなさい」

と、家に入る前の段階からぐいぐい押してきました。ドアも変えて、間口も変えて、と予算度外視の提案ばかり。私がブツブツとまとまらない反論を呟くと、微笑みを浮かべ、

「あなたの望む『普通の家』とは、何？」

と問いかけられました。

改めてそう問われ、私も言葉に詰まってしまいました。すると、義母は、

「では、質問を少し変えましょうか。**あなたにとって、家とはどういう場所なの？**」

と聞いてきたのです。その問いかけには、考えるより先に、口から言葉が出てきました。

「家族が帰ってくるところです」

「それなら、このエントランスは変えないとね」

今度は私も「そうですね」と、ストンと納得していました。

ドラマが始まるエントランスを

当時のエントランスは、玄関口に、小さな雨除けのガラス屋根が付いていました。それを見ていると、ふと、夜、冷たい雨がざあざあと肩に当たる中、雨に濡れながらドアを開けようとしている夫の姿が目に浮かんだのです。そんな寂しい帰着は哀しい、と思いました。

そうではなく、夫、そして子ども達が、長い一日のあと、やっと家にたどり着く。門を開け、前庭を通り抜けると、センサーで灯りがつき、そこには風にも雨にもびくともしないポーチがある。そこでゆっくりと傘を畳んで、ドアを開ける。すると、玄関ではオレンジ色の暖かい灯りが点っていて、カバンを仮置きするための肘かけ椅子があって……、というイメージがわーっと溢れてきたのです。

私がこのイメージを説明すると、義母は、「Oui oui, très bien」と頷き、

「家は、色々なドラマが繰り広げられる場所。一つひとつのシーンが美しくあるために、背景をつくらなくてはね。さあ、次はサロンを見てみましょうか」

こんな感じに、私達のリノベーションは始まったのでした。

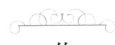

伯爵夫人のお部屋づくりのルール

家の改装工事に関しては、義母からたくさんのアドバイスをもらいました

例えば、サロンの窓のこと。うちのサロンは庭に面していて、床面まである両開きの格子付きフランス窓から庭に出入りできる間取りとなっていました。私は以前から、モダンな邸宅でよく見られるような、壁一面が窓、というのに憧れていたので、この機に、一面をスライド式のガラス窓にしたい、と考えていました。でも義母に問われたのです。

「**その大きなガラス窓から何を眺めたいの？**　ベルサイユ宮殿の庭園のような景観があるならわかるけれど」

その言葉に頷いてしまいました。確かに、窓というものは、外を見るためにあるもの。猫の額ほどしかない庭なのに、大枚叩いて大きなガラス窓にしても無粋なだけです。

結局そのままの姿で残し、ガラスを断熱効果が高いものに新調するに留めました。

部屋は住む人を映し出す

義母は、このように、全てのことに関して、ポワーンとした印象だけで安易に決めようとする私を覚醒させてくれたのです。

子ども部屋もそうでした。私は面倒くさいので、全部白いペンキで塗り直して、組み立て家具屋でベッドと机を買えばいいか、と思っていたのですが、これにも義母は、Non!ときました。**「家は住む人を反映するものです。そんな味気ない部屋を与えたら、あの子達も味気ない人間になりますよ」**と言うのです。

「それに、この家の寝室は全部同じ間取りでしょう？　その上、全室白一色にしたら、病院みたいじゃないの」

確かに、ここにパイプベッドを置いたら小さな病院の入院病棟のようです。そこで、義母にアイデアを請いました。

「一つの方法としては、**各部屋にテーマカラーを与え、それに沿って、壁の色、カーテン、壁に飾る絵画を決めていく**、というのがあります」

なるほど、言われてみると義母の田舎のシャトーはそうなっています。赤の部屋は、赤いタフタのカーテンに、床は赤が多く配色されているペルシャ絨毯が敷かれ、壁にはナポレオンの版画が飾られていて、なんともドラマティックな部屋です。青の部屋は、壁に青系のトワル・ド・ジュイが張られ、カーテンも同じ布でできています。黄色の部屋は、淡い黄色と白のストライプの壁紙が張ってあって……。

「そういえばウジェーヌは、シャトーの黄色の部屋が落ち着くので大好きだそうです」

と、長男との会話を思い出して伝えると、

「そう。ではウジェーヌの部屋は、気持ちが落ち着く色でまとめてあげたらいかがですか」

少し考えて、長男の部屋は、モスグリーンのストライプ柄が描かれた壁紙を張ることにしました。やんちゃな次男の部屋はどうしよう。汚い手で触りそうだから、汚れが目立たない色がいいかしら、と思っていると、

「そこは逆です。**汚してしまったら本人が後悔するようなきれいな色を選ぶのです。そうやって学びながら、自分の所作を正していく**しかないでしょう?」

これも「なるほど、そういうものか」と説得され、次男に選ばせた明るいグレーに白の柄が描かれた壁紙に決めました。自分が選んだ壁紙が張られた部屋にうっとり顔の次男。

「僕、絶対汚さない！」とはりきって宣言していましたっけ。

夫の書斎は、樫の木肌のままでOKですし、これでいいかなと思っていた矢先、義母に「あなたの書斎は？」と聞かれました。

「私はどこでもいいんです」と答えると、義母は真顔になり、私を見つめて言いました。

「Non et non et absolument NON! あなただってプライバシーが必要でしょう？　この家のマネジメントに一番貢献しているあなたのスペースがないだなんて、絶対ダメです」

その様子に、私、ちょっと感動してしまいました。

台所、洗濯エリアなど、主婦にとってはある意味「家全部がテリトリー」です。だから「私の書斎」を作ろう、という概念は、私自身を含め、家族の誰にもありませんでした。

私の部屋、考え出したらアイデアがたくさん。昔から夢だったウィリアム・モリスの小鳥の壁紙をわざわざイギリスから取り寄せて自分で張るなど、部屋作りに勤しみました。

え？　どの部屋にしたのかって？　屋根裏を掃除して私の部屋にしたのです。

義母は、「屋根裏だなんて、あなたはほんとに謙虚ね」と感心してくださいましたが、実は、ここ、わが家で一番見晴らしがよい部屋なのです！

「着替え」を楽しむように、インテリアも変えてみる

拙宅のリノベーションで一番ストレスだったのは、一番楽しいはずの内装のフェーズに入ったころでした。ペンキの色から、絨毯の選択、家具の位置など、そこまで具体的なイメージがなかったので迷ってしまい、毎日サンプルカラーを見ながら悩みました。

そんな私の姿を見て、義理の叔母、イザベルが助け船を出してくれることに。

イザベルは、貴族階級では異色の離婚経験者かつ、その後も独身を貫いたお一人様です。身なりも、貴族階級にはコンサバマダムが多い中、イザベルはシルバーグレイのショートヘアに、スラーッと長い足をパンタロン（パンツ）で包む、ハンサム・ウーマンなのです。

シルバーのジャガーが道に横づけされ、サングラスをかけた彼女が現れました。

「さ、参りましょ」

と、イザベルはモンマルトルの布地街に入っていきます。

老舗〝ドレフュス〟はこの問屋街で一番大きな店です。古いエレベーターに乗り込み、

オールインワンの作業着を着たエレベーターマンに「四階までお願いします」と、イザベルは礼儀正しく依頼します。

四階に降りると、そこは室内装飾用の布地が海のように溢れていました。トワル・ド・ジュイ、日本の緞子《どんす》のようなダマスク織り、ベロアなど、織り方も様々、色もとりどりです。イザベルは、

「さあ、まずは何も考えずに好きな布を物色してください。三十分くらいでいいかしら?」と言い残して立ち去りました。

一瞬ポカンとしましたが、言われた通りに店内をウロウロ。どの布地も素敵で、「ああ、私、こういう小花模様に弱いのよね」とか、「インディゴ・ブルーって、私の原点だわ」などと、自分の心の中を散歩しているような三十分でした。

ひとしきり見終わった頃、イザベルが戻ってきました。

「どんな布を見つけましたか?」と聞くので、目に留まった布地を見せました。

全部で六、七本あったでしょうか。するとイザベルは店員を呼び、その内の四本を選んで、それぞれ二メートル七〇センチで切ってもらうよう依頼しました。

二メートル七〇センチというのは、うちの天井の高さです。

全部で一〇メートル以上。驚く私をよそ目に、イザベルはさっさと会計を済ませ、店員にジャガーまで布を運ばせました。

帰路に就く車の中で、イザベルは説明してくれました。

「壁や絨毯の色は小さなサンプルを見ていても、イメージが湧かないでしょう？　だから、この**布地を壁や床に広げてみましょう。気に入ったものは、しばらく広げたままにして、数日過ごしてご覧なさい。そのうち、『くどいわ』『飽きちゃいそう』とか、逆に『意外とよいかも』ということが自ずと見えてきますから**」

ということだったのです。そうやってペンキや部屋のテーマカラーを決めていく、という作戦なのです。

気軽な模様替えでモノトーンな生活に色どりを

「わたくし、洋服でも同じようなことをしますのよ。今日も、それ用に端布をたくさんもらってきました」

以前、イザベルのお宅にお邪魔した時、グレイのトップスの襟元に、ブルーの端布をクリップで留めていて、何なんだろう、と思ったことがありました。

「アクセントカラーを決める時に役に立つのよ」

ということなのです。

ちなみに今回買ってくださった（返金しましたが）布地は、後でカーテンにするもよし、縁を縫ってテーブルクロスにするもよし、ソファーカバーにするもよし、とのこと。

家に着く頃には、私も気分が上がってきました。

「洋服を選ぶように、インテリアも気軽に楽しみなさい。失敗したら替えればいいだけでしょ？」とイザベルは言います。

「わたくし、一人暮らしでしょう？　生活がモノトーンになりがち。なので、**少し気がふさいできたな、と思ったら、少し明るい色を使い、部屋を模様替えするのです。テーブルクロスを新しくする、カーテンを替える、ソファーの場所をずらす。そんな小さなことでも、心機一転できる**ものなのよ。わたくしったら単純ですわね、ホホホ」

いいえ、イザベル。

あなたは人生の達人だと思います！

忙しくてもきれいな部屋はキープできる

先日、マルシェで買い物している時に、近所に住む友人、ナタリーにバッタリ。久しぶりの再会に、「Ça va?（元気？）」から始まった立ち話は止まるところを知りません。

「あなた時間あるなら、うちでコーヒー飲みながらお話ししましょうよ」

と誘われたので、図々しくお邪魔することに。

ナタリーのお宅は、ベルサイユ名物の「マルシェ・ノートルダム」の裏手にあります。その昔は、宮廷貴族の邸宅だったという、シックな建物の一階と二階をデュプレックス（複層住戸）にしたアパルトマンです。一階の天井部分には、レースのようなレリーフあり、フレスコ画あり、と優美なこと。

ナタリーも貴族の出ですが、暮らしぶり自体は、庶民と変わらないのが現代貴族。

ナタリー一家は子どもが四人いて、下の子はまだ小学生。その上ナタリー自身もパートタイムで物理の先生をしているので、いつも自転車で、お子さん方の学校から自分の勤務先のリセ（高校）まで、ベルサイユの街中を走り回っています。

そんな忙しいナタリーのお宅に、こんなふうに突然お邪魔することになっていいのかな、と気になっていました。私にはできません。特に、マルシェに行く朝は、夫と子ども達が出かけた後、私もパニエ（カゴ）を抱えてすぐに出発するので、家は散らかり放題です。

ナタリーのお宅も同じだろう、じろじろ見ないように気をつけよう、と思っていました。でもそんな老婆心は無用でした。玄関も、サロンもサラマンジェもすっきり。ソファーのクッションも形を整えられてきれいに並んでいます。

「つかぬ事を聞くけど、子ども四人もいるのに、散らかってないのはなぜ？」

と、まるでインテリア・マガジンの一ページのようなサロンを見渡しながら聞いてみました。ナタリー曰く、床や窓の掃除は通いの家政婦にお願いしているとのこと。

「で、サロンは、子どもは来ないじゃない？　私も夫もそんなに物を出したりしないし。サラマンジェは、週末以外は子ども達はキッチンで食べさせているから、汚れないわ」

ということです。

やっぱりそこなんだ、と思いました。在仏邦人の仲間で、「日本人はきれい好きな割に、家は散らかっている。フランス人はずぼらだと言われるけれど、家は整然としている」という話題で盛り上がることがあります。そのたびに、「だってあの人達はプロの家政婦が清掃担当だもん」と言い訳がましく理由付けしている私達なのです。

フランスでは中流階級でも家政婦を雇っている家庭が多いので、確かにそこにも理由はあるのでしょうが、私は密かに、それだけじゃない、と思っていました。それがナタリーの言葉で確信となったのです。**掃除云々の前に、フランス人は散らかさない**のです。

貴族階級では子どもと大人の領域が分けられている

フランスの、特に貴族階級の家庭では、子ども達の領域が制限されています。うちの義理両親の家では、子ども達がサロンに入室が許されるのは、ピアノの練習をする時くらいのものです。それすらも、義母に承諾を得なくてはなりません。幼い頃は、食事もサラマンジェではなく台所で食べさせられていました。

また、子どもが親の寝室にずかずかと入室することもほとんどありません。用がないから、というのも一つ。でも、それ以上に、そこが子どもの領域ではないことを子ども達もわかっているのです。

そういう育ち方をしているから、**大人になり、サロンに足を踏み入れる頃には、〝大人の領域〟では、物を出したらしまう、汚さない、という基本的エチケットを身につけているのでしょう。**

そこでわが家でも改装したことを機に、子ども達に、今後サロンで遊んだり、サラマンジェで宿題をするのは禁止、と通達しました。サロンに置きっぱなしになっているモノポリーや将棋といったボード・ゲーム、ビュッフェ（食器棚）の上に置き去りにされているタブレットやノート、私の裁縫箱も、全てあるべき場所に戻しました。

初めのうちは、家人達が、片付けた物をまた持ってこようとしましたが、二、三ヶ月もするとそういうこともなくなりました。

子ども達をサロンから追放するのは、私としてはしたくないことなので出入りすることは許容していますが、彼らも手持ち無沙汰なようで滞在時間は短いかな。

今やサロンやサラマンジェといった共有スペースは、週に一度掃除機をかけるだけで十分。いつも整然としていると、気持ちがよいこと！　あとは子ども達が自分の部屋でも、散らかさないようになってくれると嬉しいのですが、こちらは先が遠そうです。

「香り」もインテリアのうち

「窓開けていると寒いかしら？」

先日、朝市のあとで立ち寄ったナタリーの家で、ふとそう聞かれました。

私ったら寒そうなそぶりを見せていたのかな。ナタリーは家に入るなり、窓を開けたのです。空気の入れ替えをしたかったよう。フランスの初秋は、日中の日射しは夏の名残たっぷりの強さですが、朝の空気はひんやりしています。ナタリーは窓を閉めながら、

「だったら、お香焚くわ」

「え、なんで？」

「だって、臭うじゃない？」

改めてクンクンと嗅いでみましたが、特に気になる臭いはありませんでした。強いて言えば、朝のタルティーヌ（バターを塗ったトースト）の匂いと、私のために淹れてくれた香しいコーヒーの匂いはします。あと、男性のオーデコロンの香りも、一生懸命嗅ぐと少

しするかな。でもそんなの、人が住んでいる家ですから、当たり前の生活臭です。それなのに、ナタリーは、ディプティック社のディフューザーをシュッシュと撒いています。

「それよそれ、その生活臭を消したいの。あなたが立ち寄ってくれたのに悪いわ。それにこういう生活臭はカーペットや家具に付着して蓄積するとなかなか取れないのよ」

だからか、と思いました。**フランス人宅にお邪魔すると、大概フレグランス・キャンドルを焚いています。特に貴族階級の方々は、匂いに敏感**なのです。

匂いに敏感なのは日本もそうだと思うのですが、こだわりの観点が異なります。日本人は体臭には敏感ですが、家の匂いはそこまで気にしないところがあると思うのです。

例えば、義母宅では、掃除用の洗剤を極力制限して使っています。環境への配慮もありますが、あの芳香剤のような臭いを嫌っているのです。食洗機の洗剤は半量で（普通の汚れ程度であれば十分きれいになります）、窓ガラスを拭く時は、古新聞にぬるま湯を含ませて（印字インクが汚れを分解するとか）、漂白剤の代わりに穀物酢を。衣服の洗濯も、柔軟剤はダメ、洗剤も少なめに、その代わり水量は多めに、という具合です。

絨毯の掃除も、年に一度は、重曹を振り撒いて、臭いを吸い取らせてから、掃除機をかけます。

料理もしかり。まずニンニク、ネギ類は少量使いを心がけています。揚げ物は絶対にしません。壁に油の粒子が付着することもそうですが、とにかく、揚げ油の臭いが嫌なようです。魚料理は、オーブンもしくは、夏場のバーベキューだけ。フライパンでグリルすると、臭いが拡散するから×。

フランス人の、室内の匂いへのこだわりをおわかり頂けましたか。

実は私も海外生活が長くなったせいか、日本に帰った時に、前は気づかなかった匂いを感知するようになりました。まず、日本の消臭剤、洗剤やシャンプーは匂いが強いですね。使い方に注意しないと、安っぽい生活臭となりかねません。

あと、醬油の匂い。実はフランスのわが家も、義母に「醬油臭い」と指摘され、「そんな、臭くなんかないわっ」とムッとしたことがあります。でも、バカンスで長期に渡って家を空けて帰ってきた時に、「あ、臭うかも」と気がついたのです。

「家の記憶」がよい香りになるように

そんな頃に、はっとさせられたことがありました。

家族でベルサイユの森を散策していた時のこと。長男が鼻をクンクンさせ、

「あ、これ、お祖母様のシャトーの匂いだ」

と呟きました。それで私も、改めて鼻をクンクン。確かに、義母がよく焚く菩提樹のフレグランス・キャンドルの香りです。ふと見上げると、菩提樹の花が満開でした。

それで思ったのです。匂いの記憶は鮮明に残ると言いますよね。子ども達は、どんな匂いをわが家の匂いとして、記憶に刻んでいるのだろう、と気になりました。醬油の匂いも悪くないけれど、できればもっと趣ある匂いであってほしいもの。

そんなこともあり、私もフレグランス・キャンドルを使うようになりました。今では日課、というか一日の楽しみになっています。

夕方、夜ご飯の準備を終わらせると、揺らめく灯火を見ながら、アペリティフ（食前酒）を楽しむのが、私の心のご馳走タイムなのです。**香しい空気の中で気持ちが落ち着きますし、その上、家の匂いがリセットされるのですから、一石二鳥。**「うちも臭うかしら」と不安な方は、ぜひ、フレグランス・キャンドルやアロマランプを試してみてください。

バゲットを買う気軽さで花束を買う

日曜日の朝、カフェオレを淹れながら、窓から外をぼんやり眺めていました。犬の散歩をする子ども、マルシェに行くマダムもいれば、もう買い物を終えて、バゲットと花束が突き出たパニエを抱えているムシューも見かけます。

それで、私も、花を買わなくちゃ、と思い出しました。

わが家では、なるべく花を絶やさないようにしています。夫が花好きなのですよ。夕方になると、花瓶に生けられた花を、ウィスキー片手に見つめては、ふっと柔らかい笑顔を浮かべることがあります。きっと花の何かに気持ちを慰められるのでしょうね。

なので、結婚当初から、家には花を絶やさないようにしています。

花といえば、その昔、中東のカタールに赴任した時は困りました。何しろ灼熱の国ですから、生花は全て空輸、よって高級品でした。

ある時、近隣に住む夫の同僚宅に行くと、大きな花瓶に、豪華なフラワーアレンジメントがありました。「まあ、素敵！」と感嘆の声を上げると、

「でしょう？　造花に見えないわよね」

と言うではありませんか。昨今の造花は本当にアートですね。

それで、夫にも提案したのです。生花は高いし、あっても菊と薔薇くらいしかないから、造花を買おうよ、と。でも、夫は、それだけはやめよう、と拒否しました。普段は基本的に何でもオッケーの彼なので、これは珍しいこと。

「造花は悲しくなるんだ。花は生きているから美しいのに、形だけ真似しても意味はない」

とやけに哲学的なことを言っていましたっけ。

ふーん、そういうものか、と受け止めて、カタール時代は花貧乏なまま幕を閉じました。

花上手といえば、義叔母のイザベルです。イザベルの花摘みは豪快です。庭に出ると、ジャキジャキと音がしそうな大胆さで季節の花々を切ります。

サロン用の花は、中国のアンティークの壺に、まさに投げ入れ、という勢いで挿していきます。こんなふうに手早く生けるのに、でき上がりは圧巻の美しさです。アシンメト

リーなのに均衡があって、強弱があるのにハーモニーがあって、水揚げが難しい花もグングン水を飲み、瑞々しく輝いている。ブラボー、としか言えません。

食卓用の花は、グッと低く生けます。テーブル越しにお互いの顔が見えるように、という配慮からです。

「低く生けるのが難しいのよね」

とブツブツ呟きながら手を動かすイザベル。それなら、花だけを水を張ったボウルに浮かべてはいかがですか、と提案してみました。すると、イザベルは、

「そんな残酷な！」

と、顔をしかめてしまいました。なるほど、言われてみれば生首っぽくはある。さらに、

「たまに、テーブルに、薔薇の花弁をわざと散らしたデコレーションを見ますが、あれはどうですか」

とカマをかけると、案の定、

「Quelle horreur! 花の死骸で食卓を飾るだなんて、おぞましい！」

と鳥肌立てんばかりでした。それで私もわかってきたのです。

思うに、イザベルにとって、――そして造花を嫌う夫にとっても――花は生命体。命あ

るから美しい、命尽きるから愛しい、そういう存在なのだと思うのです。どんなに大きな造花を飾っても、そのスペースは飾れるけれど、それだけのこと。一方、**本物の花は、たとえ一輪だけでも元気をくれる。それは、生きている花だから、**なのだと思います。

自分に花を贈って幸せ度をアップさせましょう

イザベルの影響でしょうか、気づくと、私も、夫だけでなく、自分のためにも花を挿すようになりました。庭から一輪だけ摘んだ、香しいローズ・ド・メ、五月の薔薇を机の角に置きます。私の孤独な物書き作業に付き合ってもらうのです。

マルシェで買った花束の、余分な葉や折れた花は、小さなワインカラフに挿して、そのまま流しの角に飾ります。ちょっと緑があるだけで、そしてちょっと花があるだけで、キッチンがグンと明るく、楽しい場所になります。

みなさんも、バゲットを買うように、花束を買う、そんな気軽さで、花を毎日の暮らしに迎えてみませんか？

あなたの毎日のための花。きっと幸せ度がアップすると思いますよ。

心が満ちる優雅な朝時間を

日本の友人らからよく聞かれるのは、シャトーでの過ごし方です。バカンスやロングウィークエンドの時は、シャトーに十名余りの親族と共同生活となります。

「うわ、それは結構きついね。朝とか、やっぱり嫁が早起きしてご飯の準備するの？」

幸いそういうことはなく、朝はみなさんバラバラです。そもそもフランスの朝食は、基本的にシンプルで、薄いトーストにバターとジャム、それとコーヒーか紅茶でおしまいです。子ども達や男性陣は、ベーコンを焼いたり、ウッフ・ア・ラ・コック（半熟卵をエッグスタンドに載せ、頭をコンコンコンとスプーンで割って穴を作り、短冊状に切ったバター付きトーストにトロンとした黄味を絡めて頂きます）、そしてヨーグルトも食べることがありますが、それは各人自由にやってもらっています。

「ふーん。じゃ、お嫁さんも気楽に朝寝坊してもいいんだ」

多分それでよいのでしょうが、そこは日本的な常識に囚われているのか、私は罪悪感があってできずにいます。いやできずにいた、と過去形で言うべきかもしれません。

義母は朝が早いのです。バカンス中でも、部屋着にガウンを羽織って、七時前に台所に降りてきます。

冬であれば、暖炉を焚きます。みんなが起きた時に寒くないように、という心配りです。夏であれば、早朝のフレッシュな空気を入れるべく、台所、サラマンジェそしてサロンの窓を開放します。

そのあと、台所の整理をし、そこまでやったところで、ようやく紅茶と薄いタルティーヌを載せたトレイを持って自室に上がられるのです。

私としては、義母に働かせては悪いので、早起きして先まわりを心がけていたのですが、正直これも疲れました。

そんな最近、いい手を思いついたのです。それは、子ども達を使うこと。

うちの子ども達も中学に上がりましたので、これを機に、朝の作業は彼らにやってもらうことにしたのです。

今まで、義母に、「私がやりますので」と言っても、「結構です、これはわたくしの仕事です」の一点張りでしたが、「子ども達の教育のため」という言葉に義母も納得し、これで義母と私の十五年に渡る「やります競争」が終結したのでした。

「これでお義母様も、グラスマティネを楽しめますね」

私の軽口に義母は

「あら、わたくしはずっと謳歌しておりましたわ」

と言うではないですか。

グラスマティネとは、直訳すると脂肪が付いた朝という意味で、フランス語で朝ゆったり過ごすことや朝寝坊のことを指します。

義母は、いったん下に降りてくるけれど、用事を終えると、二階に戻って、ベッドの中で朝食を取り、そのあとも、そのままベッドの中で、御礼状や私信を書いたり、早起きの友人と電話で話したり、と優雅な一、二時間を楽しまれていたそうです。確かに、だらだらと寝ているることだけが、ゆったりと朝を過ごす、ということではありませんものね。

「朝は心が満ちていて、感性も研ぎ澄まされています。普段より豊かな言葉が頭に浮かぶので、手紙を書いたり、詩を書いたりする、大切な時間なのです」

そういえば、小説も、朝書くという作家がいましたっけ。

濃厚なグラスマティネで一日の始まりを贅沢に味わう

それで私も、シャトーではグラスマティネを楽しむことにしたのです。義母との「やります競争」も終わったことですし。

今では、時間を気にしないで、目が覚めたら起きるようにしています。アラームをかけずに寝ると、田舎の空気と静けさのせいか、眠りが深いこと！

そして起きても、ベッドから出ません。彼と抱き合ったり、愛を囁いたり、朝は彼もまどろんでいるので、まさに愛たっぷり、バターたっぷりの濃厚なグラスマティネという感じです。

のろけるなって？ でも彼、最高なんですよ。

その名も、マエストロ、愛を語るならイタリア系ですよね、やっぱり。

え？ 旦那はフランス人じゃないのって？

マエストロは私の大切な愛猫です！

第2章

食事とスタイルを美しくデザインする

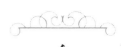

食欲を満たすのが「食事」ではない

フランスでの失敗談は星の数ほどあるのですが、その多くは言葉に関するものです。フランス語、やっぱり難しいです。

なかでも忘れられないのが、フランス語の、「bon appétit（ボナペティ）」という表現にまつわる話。

「ボナペティ」は、多くのフランス語テキストに登場する言葉で、日本の「いただきます」の代わりに使われるような言葉です。

例えば、友達同士で食事する時など、「さあ、食べよっか」というタイミングで、誰かが「ボナペティ」と言い、それに対して、みんな何となく「メルシー、ボナペティ！」と呼応して、いざナイフ&フォークを手に取る、みたいな感じです。

だから、義理家族との午餐会の時に、私も何気なく言ってしまったのです、「ボナペティ」と。

あの時の、シーンとした空気、今でも思い出すことができます。

長い沈黙（実際には三秒くらいだったのでしょうが）のあと、義母に詰問されました。

「あなたね、『ボナペティ』の意味、おわかりになって？」

「は？　はい。『bon』は『よい』、『appétit』は『食欲』ですよね？　たんと召し上がれ、という意味ではないのでしょうか」

義母は「この人はわかってないわね」と言いたげに首を振りました。

「では、質問を変えましょう。あなた、食事って何かおわかり？」

食事は食事、ですよね？　返答に困りました。

「食事とは、文化です」

「文化？」

「そうです。食欲を満たすことがメインではありません」

そう言われて、私はますますわからなくなりました。

そんな私の様子に、義母はため息一つついてから、説明してくれたのです。

「食べる」よりも「心遣いを感じ取る」ことを大切に

「食事で大切なのは、一緒に食卓を囲む人との会話です。加えて、そのひと時をより豊かにするために、テーブルセッティングやフラワーアレンジメントといった装飾に工夫を凝らしてくれる、『心遣い』もご馳走なのです。そして作り手が丁寧に用意した料理。それらを総合したものが『食事をする』ということなのです」

義母は熱弁を続けます。

「これを文化と呼ばずして何と呼びますか！　それに対し、『ボナペティ（食欲を満たせ）』という動物的な声かけをするなんて、はしたないと思いませんか？」

はしたない、とまで言われて、私がテーブルの下に潜り込みたくなったことは言わずもがな、でしょう。いきなりのお説教に動揺しながらも、頭の片隅では、ずっと気になっていたもう一つの食卓での振る舞いについてもクリアになりました。

義母は、レパートリーはフレンチに限られているけれど、お料理が上手です。だから、午餐会の席で、美味しいと思ったら、「このロティ、火の通り加減が完璧ですね、デリシュー！」とか、「このサクッとしたタルト、お義母様、ほんとにお上手ですわ」と感謝を込めて気持ちを伝えていました。称賛するのは礼儀だと思っていたのです。

でも、そのたびに、食卓がシーンとなるのです。義母も、小声で「メルシー」と呼応してくれましたが、それは照れている、というより、迷惑そう。それで私も、「何？　タイミングの問題？　言葉の選択を誤った？」と胸騒ぎはしていたのです。

そんな時に、この、義母の「食事は文化」論を聞いて、あ、そういうことだったのか！とわかったのです。食卓は、もっと文化的な話をする場所なのに、「この人ったら食べ物の感想ばかりで小うるさいわ」、と思われていた、それでその場を「シーン」とシラけさせてしまったのか、と。

食べることがメインではない食事、料理のことは語らない食事、面倒くさいとか、堅苦しいと思われるでしょうか。でもそれが貴族階級なのです。

日々精進と覚悟を決めれば色々勉強になります。

私もこの経験で、良かれと思ったことでも、文化が違えば相手の気分を害することもあると知り、口を開く時は慎重に、と学びました。

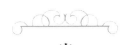

貴族階級の美しい食事とは

義母は料理をなさいますが、彼女にとって、料理が熱々なことは〝一番大切なこと〟ではありません。

義母の場合は事前に作っておくことができるものばかりです。前菜は冷製の一品かスープ。メインはロティのことが多く、大体食事の時間の二十分ほど前に焼き上がります。

副菜は、ジャガイモを一口大に切りバターで炒め焼きする「ポームドテール・ソテー」が登場頻度一位でしょうか。美味しい発酵バターをたっぷり使い、外側はカリッと中はふっくらとソテーされ絶品です。でも、これも事前に作り、保温のためにオーブンに入れられるので、食卓に上がる頃には少ししんなりしてしまいます。

パスタなども、前もってゆでてから、オーブンで保温します。パスタはアルデンテの方が美味しいから、もっとギリギリになってからゆでたらいかがですか、と義母に進言しようか、考えたこともあります。

でも、義母としては、タイミングを見ながら**台所とサロンをバタバタ行き来するより、食卓で落ち着いて会話や食事を楽しむことが大切**なのです。ゆえに食事中はできるだけ台所に引っ込む時間を短縮できるよう、全てを用意しておくという、そういう思考なのです。

その代わり、ということでもないのでしょうが、家族が集まる日曜日の午餐会の朝、義母はたとえ汚れていなくともテーブルクロスを替え、折りジワもアイロンで丁寧に伸ばします。食卓に飾る花も、その朝、庭から摘んできてブーケを作りますし、食卓に着く前には装いも一新します。義父は必ずジャケットを羽織るという徹底ぶり。家族だけなんだから、そこら辺は気にしなくてもいいいんじゃないか、と思っていましたが、彼女たちにとって、これは料理をするのと同じくらい大切な「食事」の準備なのでしょう。

そんな義母の午餐会は一言で言うと「美しい」です。テーブル・コーディネートは完璧、あっつ熱のでき立てではないけれど、料理も美味しい。義母も義父も見目麗しく、と美しいこと極まりなし、です。食卓では義母の采配で、会話も静かに途切れなく流れ、品のよいジョークあり、近況報告あり、ちょっとした議論あり、と、スムーズに楽しく時間が過ぎていきます。こんな優雅な時間が創り出せるものなんだ、私、その中にいるんだ、と結婚当初は毎回のように夢うつつ状態でした。

日本は、食文化は豊かだけど、食事文化はどうなのでしょう。わが実家では、父はムスッとご飯をつつき、母はテレビを見ていて、私も急いで食べ終えて、会話なんて、「ママ、これ美味しい」と、料理を褒める言葉くらいしか発しなかったと思います。

そんなふうに育った私、義理家族との「美しい食事」を経験するうちに、随分感化されました。どんなふうにかというと、オホホ、以前より手を抜くことを覚えたのです。

あつあつの手料理よりも「人の心」がメインの食事を

結婚当初は、疲れている時でも熱々の手料理を食卓に並べることにこだわっていました。温かい手料理こそ家族愛、愛なくして美しい食事などありえない！　とばかりにしゃかりきになっていたのです。おもてなしの時などは、料理にピリピリ神経を尖らせているのがお客様にも伝わって空気を悪くしてしまったりと、残念な私でした。

それが今は、「食事は文化」だから、そんなに手料理に重きを置かなくてもいいでしょ、と堂々としています。**ストレスになってまで手作りにこだわる必要はない**と思うのです。

特に、少し心がささくれ立っている時や、家族の間がギシギシしているような時は、なおのこと料理に手を抜きます。代わりに、料理にかける労力を違うところに向けます。例えば、いつもと違うお皿を奥から出して使ったり、庭やベランダに椅子を出し、夕暮れ時の空気を味わいながらアペリティフを楽しむ。そんな小さな「文化活動」を試みるのです。するとと、いつもは無言で黙々と食べる中二の長男が、「この皿、覚えているよ、ノエルの時に、パパが『ママが好きそうなお皿だから』ってプレゼントしてくれたんだよね」と、その時のことを思い出して、話してくれました。

アペリティフを挟み、いつもは寡黙な夫もオフィスでの出来事をぽつぽつと語ったり。

みなさんも、**ご飯の準備を少し重たく感じたら、料理の手を抜いて友達や恋人、家族との語らいを目的とした「食事」をセッティングしてみてはいかがでしょう。**一人の時は、自分と向き合うことを目的とした食事というのもいいかもしれません。少しきれいな格好をして、自宅なら小さな花を飾って。きっと、いつもより会話も弾むと思いますよ。

人の心をメインに、あなたらしい「美しい食事」を作ってみてはいかがでしょうか。

フランス貴族のおもてなしの作法

おもてなしの失敗談を一つ。

結婚当初、義姉夫婦を拙宅に招いた時のことです。義姉夫婦とは年も近いので、知り合ってすぐ打ち解けてお付き合いしていました。

義姉が和食を食べてみたいというので、「じゃ、うちに来る?」と声をかけ、実現した集いでした。私の中ではディナーというより、「家飲み」くらいの気持ちでいたのです。

ピンポーンとドアベルが鳴った時、私は台所にいたのでしょう、サロンにいた夫より近かったので、出迎えに行きました。

「ボンソワール!」

と、ドアを開けると、義姉のアンは一瞬止まってから、ボンソワールと返しました。義兄のポールは、

「オララ、早すぎたかな? Tu es sur le pont!」

と笑いながら、両頰へビズ(キス)を交わしました。この時、このフランス語の意味はわかったのですが、何か引っかかったことは覚えています。

そのあとは普通に食事をして、……いや、若干のぎこちなさはあったかな。義姉が途中で、「お手伝い必要?」と声をかけてくれたのですが、何か感じるところがあり、私も、「ううん、大丈夫」と遠慮しました。

実は、アンも和食の作り方に興味があるみたいだから、一緒に作りながらお喋りして、と勝手に想定していたのですが、予定変更です。天ぷらとか、一口蕎麦とか、その場で調理しないと美味しくないメニューにしてしまったので、私が台所とサラマンジェを往き来してバタバタした食事でした。夫は、残念ながら、あの頃はまだこういう時に気を利かすことができなかったのですよ。

さて後日。今度は義姉夫婦宅へ招かれました。

アンのおもてなしは、全てにおいて私の「家飲みスタイル」とは正反対で、フランス貴族層ではこうでなくてはならないのね、と悟ることになった一席でした。

まず、お出迎え。

「ボンソワール！」と迎え入れてくれたアンは、華やかなドレス姿。勿論、靴、それもハイヒールを履いていて、そのままレストランに行ってもおかしくない装いです。アンにビズをすると、軽く香水の匂いも漂いました。

その時に、先日の「Tu es sur le pont」の意味が判ったのです。直訳は、「甲板で荷役に勤む船乗りがごとき」。ここから、〝仕事の真っ最中〟という状態を指す慣用句です。

ポールは、スリッパにジーンズ、その上エプロンを着けて出迎えに来た私に、「船上の労働者みたいだ」と皮肉を言ったのです。客にそういう姿で出迎えはないだろう、という意味だったのでしょう。

「オララ、先日の私はビズの時に、きっと天ぷら油のニオイさせてたよね」と、心が重くなりました。

アンは食事中、「手伝いましょうか」という私の申し出を、「ありがとう、でも大丈夫よ」と丁寧かつキッパリと断りました。それでも大変そうだったので、お皿を替える時に、さりげなく、みんなが使った皿を下げようとしたところ、ポールが、「いいよいいよ、僕が持っていきますから」とお皿を引き取りました。

そこで、ようやく私も気づいたのです。義姉夫婦は、台所を見られたくないんだな、と。

本当のおもてなしは相手を知るところから

人様の家の冷蔵庫は勝手に開けてはいけない、というのは知っていましたが、台所も同じなのですね。客は客の領域にいてほしいということでしょう。

私も彼女らと親族になったのだから、そんな他人行儀な、と少し傷つきもしましたが、それが二人にとっては正しい距離感だと示されたのです。

そう思うと、あの日、エプロン姿で出迎えに行った自分が恥ずかしくなりました。

私の過ちは、私にとって心地よい距離感は、義姉達にとっても心地よいはずだ、と思い込み押しつけようとしたところです。それを義姉達は拒否しただけ。当然です。

そう考えると、おもてなしって難しいですね。**本当のおもてなしは、相手が心地よいと感じられるように思いやる**こと。そのためには相手のことをよく知る必要があります。善意だけでは足りないのです。

この時以来、そういうおもてなしを模索し続けています。

シックなワインのたしなみ方

アメリカやイギリスのドラマを観ているとお酒を飲むシーンが多いですね。女性は大抵ワイン。なみなみとつがれたワイングラス片手に団らんしたり、愛を語ったり。それを見るたびに、「これ、フランスではありえないわ」と思うのです。

フランスに行ったら気をつけたいワインのお作法

フランスでワインを飲むのは、基本的に食事の時。仕事や食事のあとに部屋に寄って、「何か飲む?」というシチュエーションで、ワイン、特に赤ワインは飲みません。

また、グラスに注がれるワインの量も、**フランスではグラスになみなみと注ぐようなことはしません。香りを楽しめるように、グラスの四分の一くらいまでで止めます。**私も昔は、たっぷりと注ぐことがおもてなし、と思い違いして、夫や義父を慌てさせましたっけ。

フランス貴族層のお酒のたしなみ方についても言及すると、親族の集まりや社交の場で見る限り、**男性は決して酔うまで飲むことはなく、女性に至ってはあまり飲みません。**

日本では、女性の「ほろ酔い」は、楽しそう、艶やか、などとポジティブに受け取られる面もあると思いますが、フランス貴族層では、それすらも、はしたない、とされているように感じます。その昔は美味しそうなワインが食卓に載ると、「今日は飲むぞ～！」と張り切った私でしたが、周りの女性陣が唇をワインで濡らす程度にしかたしなまないことに気づいてからは、ぐっと我慢しています。

こんな窮屈な社交界なのですが、その代わり、家では好きなようにワインを楽しんでいます。飲みたい時は、夫に注いでと頼んだり、手酌したり、自由に頂いています。

一般的には「魚料理には白ワインが合う」と言われていますが、それでも夫は赤を選びます。家ではルールなどお構いなしなのです。フランスでは、夫のような赤ワイン派が非常に多いように見受けられます。

実際、こちらの魚料理は、バターや香草をたっぷり使うので、赤ワインでも意外とよく合うのです。そういう時は、軽めでフレッシュ感がある赤ワインをおすすめします。

それでも、平目やホタテ貝のようにデリケートな白身魚の場合は、やはり白。

ブルゴーニュ産のシャルドネは、アフターテイストにトーストしたバターのような香りがあり、火を通した料理によく合います。

一方、カルパッチョ・スタイルやお刺身で頂く時は、柑橘系の香り高いソーヴィニヨン・ブランがキリッと締めてくれるのでおすすめです。

ワインの合わせ方で料理のおいしさは何倍にも！

このように、料理との組み合わせを考えるのがワインの楽しいところ。実は、この「マリアージュ」の面白さに目覚めたのは、その昔、大失敗した経験がきっかけでした。

それはノエルのことでした。フランスでノエルのご馳走といえばフォアグラです。「フォアグラはリッチだし、ガチョウの肝臓だから」と私なりに考え、フルボディの赤ワインを選んだのです。

でも、フォアグラを頂き、ワインを一口含んだ時に、愕然としました。老舗ルノートルのフォアグラだったのに生臭さが前面に出てしまい、ワインも高級なブルゴーニュの赤だったのにサビのような味。驚くやらガッカリするやら。

落ち込む私に、「フォアグラには甘い白ワインが合うんだよ」と、夫が秘蔵のソーテルヌを開けてくれました。

知ってるなら初めからそうしてよ、とのど元まで出かかりましたが、夫はそういう人。育ちの良さから、あまり口出しをしない人なのです。

ソーテルヌは大成功でした。蜜のごとくとろけるような甘味がフォアグラの濃厚な中に潜む持ち味を引き出し、先程とは雲泥の差でした。

蛇足ですが、フォアグラを頂く時は、フォークで切り、ブロック状態のまま、パンにちょこんと載せ、海塩をパラリと振って頂くのが正解ということはみなさんご存じですよね？　かつての私のように、ナイフを使ってレバーペーストのようにパンに塗りたくってはダメですよ。

フレンチワインのおすすめマリアージュ

この時のソーテルヌのおかげで、こんなに料理の味を変えるワインにすっかり魅了された私。その後色々と試してみました。

私の独断による「ワインと料理とのマリアージュ」をご紹介しますと、**和食には、白であればシャブリが合う**と思います。シャブリの葡萄畑は太古の昔は海だったそう。土壌に貝殻が混ざっていて、その爽やかな酸味の中に、ほのかな塩分を感じ、これが醤油の旨味に合うと思うのです。

その他には、前述のソーヴィニヨン・ブランもおすすめです。

赤であれば、やっぱりボルドーかな。ブルゴーニュの赤ワインも大好きなのですが、美味しいボトルはお値段が張るのです。

みなさんも、どのワインにしようかと悩まれる時は、ボルドーの赤にしておけば間違いないと思います。**フランスでも、正式な食事会ではボルドーの赤が出されるように、やはり赤ワインの王道を行くボルドーなのです。**生産量も多く、お手頃ワインでも上質なものがたくさんあります。

みなさんも、色々組み合わせを見つけてワインを楽しんでくださいね。

忙しい時ほど食事はゆったりと

みなさんは普段の食事にどのくらい時間をかけていますか？

朝十分、昼二十分、夜は、作って片付けて、その合間に三十分くらいかしら。って、これは私のこと。エレガンスも何もない、私の日常なのです。

うちの夫も、昼食は私と同じみたいです。「今日は何食べたの？」と聞くと、キャンティーヌ（社員食堂）に行く時間もなかったから、サンドウィッチを半分噛って終わった、なんていう日もよくあるようです。

ただ時折、昼前に電話が鳴り、

「今日はお昼を食べに来ないか？」

とお誘いを受けることがあります。そういう時は、無理してでも付き合ってあげます。

というのも、こういう誘いがある時は、彼の仕事が本格的に忙しくてストレスが溜まっていることが多いのです。

ゆっくり時間を分かち合えばお腹も心も笑顔になる

早速、夫の勤務先、新凱旋門があるラ・デファンスに出向きます。オフィス街ということもあり、お昼時はほとんどのレストランがスーツ姿の人でいっぱいです。

レストランでは彼の携帯から通知音がしょっちゅう聞こえます。

「大丈夫?」と聞くと、夫は、「大丈夫じゃないけど、いいんだ」と言って、電源をオフにしてしまいました。あらあら、相手の人、困るだろうに。でも夫は、「昼時くらい遠慮すべきだ」と〝逆ギレ〟状態です。

あんまりゆっくりできないだろうから、メインディッシュだけにしておこうかな、と思っていたのですが、夫は前菜から攻め、グラスワインも頼んでいます。

「忙しいんでしょ? そんなにゆっくりしてていいの?」

と心配になります。プロジェクトが佳境に入っていると聞いていたような……。私だったら、仕事が一段落つくまでは、他の同僚の手前もあるし、職場に缶詰になって仕事すると思うんだけど。

「いいんだよ。最近白熱し過ぎて、頭の中が仕事のことでいっぱいになっていてさ、危険だからね」

「危険」というのは、彼のワークライフバランスが崩れる危険であり、仕事でも、冷静な判断ができなくなるから危険、ということらしいです。

夫婦ですから四六時中顔を合わせています。だから取り立てて話すこともない。ないのですが、私も家とは違って、作って片付けて、という手間がない分、いつもより落ち着いて話に興じることができます。夫も、茶々を入れてくる子ども達がいないので、少し余裕を持って自分が思うところを話します。食後に少し散歩して、駅で別れる頃には二時間近く経っていました。

夫は、「さて修羅場に戻るか!」と笑います。

言葉の割には明るい表情。私も、その笑顔を見て、少し役に立ったぞ、といい気分です。

大切な人とゆっくり時間を分かち合って食べる、というのは、空腹を満たすために急いで食べるのと、こうも満足感が異なるものか、と実感。心とお腹が両方笑っている、そんな感じです。

忙しい時こそ、食事に時間をかける。これ、悪くないと思いますよ。

フランス人に肥満が少ない理由

先日、長年の友人、マリアンヌからデジュネ（ランチ）のお誘いがありました。エコール・ミリテール向かいのビストロは、洗練されたパリ七区にふさわしい、白いテーブルクロスがかけられたシックなインテリアでいい気分です。

でも実は私、外食がちょっと苦手。雰囲気に呑まれてしまうのか、お腹ペコペコでもあまり食べられないのです。メニューを見ながら、どうしようかな、マリアンヌは前菜も取るのかしら、私はメインディッシュだけで十分なんだけどな、と、探りを入れてみると、

「私も悩んでいるの。このテリーヌも美味しそうなんだけど、でもやっぱりサンジャック（ホタテ）のタルタルも捨てがたいし」

と、当然のごとく前菜も取るつもりでいます。その上、メインは、

「ここはコンフィ・ド・キャナール（鴨の脂煮）が売りなのよ」

とリッチな一品を選び、副菜には、

「コンフィにはサルラデーズよね」

と、鴨の脂でソテーしたポテトと、口直しにグリーンサラダもオーダーしました。

どれもビストロと名乗るだけあって、ボリュームたっぷり。さすがのマリアンヌもポテトは食べきれなかったようです。

じゃ、デセールはスキップかな、と期待していると、「お腹はいっぱいなんだけど、やはり食事は甘いもので締めないとね」とクレープのコアントロー・オランジュ・ソース添えを取り、ギャルソンがすすめるままにアイスクリームも追加しました。

バランスを守って健康的なスタイルキープを

こんなにリッチなお昼を平らげるマリアンヌ。それなのにほっそりしているんですよ。知り合ってからもう十五年ほど経ちますが、ずっと同じ体型を保っています。昔は「ずるい！」と思っていましたが、今はわかります。**太らないキーは、実はこの潔い食べっぷりにこそある**のです。

マリアンヌは、昼は、肉、魚といったタンパク質をしっかり取ることを心がけているそうです。加えるに、「私、寒がりだから、脂分も意識して摂るように気をつけているの」

これを潔いと呼ばずして何と呼びましょう。

「私、忙しいでしょう？　途中でお腹空いても、間食する機会がないの。だから、昼はプロテインに、バター、クリームを使った腹の持ちがいいものを選んでいるわ」

マリアンヌは、とにかくよく動く人。美術の専門家として活躍中の彼女、ギャラリーやオークションハウス、そして調べ物がある時はリシュリュー図書館へと、パリ中を赤い自転車で走り回るという、頭も身体もフル回転の人なのです。確かに一日に二〇〇〇キロカロリーくらい、軽く消費しているのでしょう。

「代わりに夜は、パスタやスープといった消化が良くて軽めなものを心がけているの」

これはスタイル維持というよりは、そうしないと睡眠の質が落ちるからだそうです。

ちなみに、この**昼はしっかり、夜は軽め、というのはフランスでは一般的な食バランスです。これが、フランス人に肥満が少ない理由の一つだと思います。**

「あと、フランス料理はコースで食べてこそ完成するように設計されているでしょ？　結果、ゆっくりとバランス良く食べることになるのよね」

確かに、フランス料理のコースをそういう観点で見ると、肉、魚あり、乳製品あり、野菜あり、糖質あり、と、バラエティーに富んでいます。

「美味しい食事は私の原動力。せっかちな私だけど、食事だけはゆっくりと、会話を楽しみながら頂くの。そうするとお腹も心も満足するのよ」

と、小口に切ったクレープに、溶けかけたバニラアイスを上手に絡めたフォークを口へと運びます。

確かに、お腹だけでなく、心も満足、というのは、大切なポイントです。**心が満たされることも、バランスの取れたスタイル作りに大きく貢献している**ような気がします。心が寂しい時は、口も寂しくなって、つまみ食いしちゃいますからね。

もし、ダイエットを考えていらっしゃるのなら、あなたも、小さなお弁当箱やローカロリー・ランチはやめて、逆転的発想でマリアンヌのような「潔いお昼」を試みてはいかがでしょう。昼にしっかり食べたら、きっと自然に夜は軽めになるはずです。そして、心を満たすことも忘れずに。

健康的に美味しく食べて、ほっそりできるなんて、最高ではありませんか？

Bon courage!（がんばってね！）

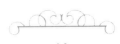

甘いものとは上手にお付き合い

フランスといえばお菓子ですよね。

チョコレート、マカロン、エクレア、タルト、ムース、クレープ、エトセトラエトセトラ。基本的に辛党の私も、ベルサイユ・シャトー駅からの帰り道など、買う気もないのに、パロワス通りに数件軒を並べるパティセリーの前を通って、ショーウィンドーを眺めるのが密かな楽しみだったりします。フランスのお菓子は、味だけでなく、デコレーションに夢があって、うっとりなのです。

時に、チョコレートといえば、思い出す美女がいます。

イングリッドは、フォンテーヌブローのビジネススクールに留学していたときのクラスメートでした。英語、フランス語とも、きれいなボキャブラリーで話す彼女。いかにも名家出身らしい気品があり、長身の美しい肢体をセンスよい装いに包んでいて、学生達のマドンナ的な存在でした。

あるプロジェクトのため、このイングリッドとチームを組んだことがありました。放課後は二人で連日のようにリサーチに励みました。私は典型的な「ながら族」なので、飴やビスケットなどを時折つまみながらの作業。イングリッドにもすすめましたが、「間食はしないの」と断られました。後年知るのですが、フランス貴族層は滅多に間食しないのです。

いよいよプロジェクトの発表が間近に迫ったある午後のこと。イングリッドとパワーポイントの最終調整をしていると、彼女が突然机にガバッとうつ伏せになり「もうダメ、ストレス最高潮！」と頭を抱え込みました。フランス女性は何でもドラマティックなのです。おやおや困ったぞ、と思っていると、イングリッドはすっと立ち上がり、どこかへ消えました。そして、数分後には、片手にエスプレッソ、もう片手にゴルフボールのようなチョコレートを持って戻ってきたのです。

その巨大なチョコは、ロシェ（岩）と呼ばれるトリュフでした。イングリッドは机の上にそのロシェを置くと、包み紙を丁寧に広げました。儀式さながらの慎重さです。

丸裸にされたロシェ。イングリッドはそれを三秒ほど見つめていたでしょうか。そして、ついに、覚悟を固めると、ロシェを手に取り、唇に持っていきました。それを見ている私も、ゴクンと唾を飲んだほど、緊迫の瞬間でした。ロシェを口に含んだイングリッド。両目を閉じ、口の中でロシェが溶けていく、その過程を味わっていました。

結局、三口ほどで食べ終えたでしょうか。エスプレッソを飲み干すと、ようやく一言漏らしました。「J'adore（たまらないわ）」、と。

自分の身体と心の声に耳を傾けましょう

この儀式の一部始終をじーっと見ていた私。なるほどチョコレートとは、こうやって堪能するものなんだ、と感心しました。チョコレートのみならず、甘いものは、それ相応の覚悟を持って頂くべきなのです。

甘いものは高カロリーです。それでも、心が疲れている時は、これ以上の特効薬はありません。それも、チビチビ食べるのではダメ。そんなケチ臭いことはせず、**心が満ちるのに必要な量を必要な時にきちんと頂く。これが大切なのだと思います。**イングリッドのように、自分の身体、そして心の声を聴きながら、必要に応じて甘いものを摂取する分には、体型維持にも、意外と問題ないのではないでしょうか。

というのも、フランス人のデセール好きはよく知られているところ。それなのに、フランス人には肥満が少ない。これはやはり、甘いものとどう向き合っているか、という点に一つの鍵があると思うのです。

私も、人を招いたり、義理家族との食事会を催す時は、必ずデセールを作ります。登場回数が多いのは、フォンダン・ショコラ。濃厚なチョコレート生地を、中央部分に火が完全に通らないよう焼くケーキです。切ると、とろーっと溶けたチョコレートがマグマのように流れ出て、これが至福の美味しさ。バニラビーンズがたっぷり入ったアイスクリームを添えてお出しします。みなさん、きれいにたいらげていかれます。

私は、昔はデセールにたどり着けなかったものですが、最近は、デセールが楽しめるように、他の料理の量を調整して、しっかり頂きます。ロシェに向かい合うイングリッドがごとく、丁寧に、きれいに、最後の一口までじっくりと楽しむのです。

そうすると、満足感が違います。幸福感と言い換えてもよいでしょう。また満腹感も次の食事まで続きますので間食もしないで済みます。

心の栄養補給が必要な時、思い切って、デセールをたっぷり味わってみてはいかがでしょうか？

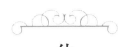

体重計はいらない

数年前のこと、義姉アンのお宅にてペット談義になりました。愛犬のトイプードルがムチムチしてきた、とアンが気にしていたので、体重を計ってみれば、と言うと、

「体重計？　そんなものないわよ」

と笑われました。え？　人間用でいいけれど、と言うと「だからないの」と笑います。

意外でした。アンは自分の見た目を気にする人です。タイトな服を好みますし、鏡や窓ガラスがあると、さっとポーズをとって自分の全身を確認する癖もあるので、ウエイト・コンシャスな人だと思っていました。

「体重を知ってなんの役に立つの？　自分の今ある姿に満足なら、それでいいのでは？」

とアンは答えました。


そのアンが、コロナ禍により外出制限された間に少し丸くなりました。この期間、フラ

ンスでは一人当たり平均二・五キロ体重が増加したと言います。二か月ぶりに集まった午餐の席でそういう話になると、アンは、

「在宅勤務だから動かないし、普段はしない間食ばかりしていて、太ってしまったの」

と嘆きます。そこで私が、フランスで流行っているボディメイクの動画を紹介すると、

「ノン・メルシー。**家やジムで運動する気はないわ。ああいうのは身体を鍛えても、心を健康にしてくれないもの。**それより、今度テニスに付き合ってくださらない？」

とのこと。そういえば、スポーツ・ジムがマッシュルームのように乱立しているフランスなのに、アンは興味がないと言っていましたっけ。

アンもそうですが、私の周りの**貴族階級の人々は、体型のために運動するという考えは持っていません。**外見にそこまで執着していないのです。ボディメイクのためのジム通いや、家でのワークアウトもしませんし、アンのように体重計を持たない人も多いです。

「健康な食生活を送っているし、活動的に過ごしている、それでも体型が変化したのなら、それは受け容れるしかないでしょう」というスタンスなのです。

スポーツは、楽しみたいときにやる。身体に鞭を打つようなことはしません。

同様に、ダイエットの話も聞きません。このときのアンも、見ると、食事の量を特に節

制している感じはありませんでした。

「あら、私だって、一日でも早くスリム・ジーンズをはけるように戻りたいのよ。でも、無理して痩せても、ストレスを溜めてしまったり、体力が落ちちゃったら、不健康だし」

この日は、腰でゆったりとはくパンタロンを身につけていて、それもとてもお似合いでした。

「しばらくは、こういうスタイルを楽しむわ。以前のような活動的な生活に戻ったら、そのうち身体も元に戻るでしょう」

でも体重計がないのに、どうやって元に戻ったかわかるの？

「いいのよ、大体で。私が見て納得できる身体に戻れば、それでいいのよ」

ボディメイクのためではなく、やりたいから体を動かす

私も今、自分の身体を受け容れつつあります。

若い時から、「脚を細くしたい」「顔を小さくしたい」、出産後は「お腹を締めたい」と常にダイエットや腹筋やヒップアップ体操に励んできました。これは頭のどこかでセレブ

や憧れの誰かのイメージがあって、そこに近づこうとしていたのでしょう。

でも、もういい。そう思えるようになったら、ずいぶん楽になりました。

この呪縛から逃れられたのは、単に年齢的なものなのか、それとも、アンや、周りの女性達の**「今の自分を肯定する」姿勢に真に健康的なものを感じた**からなのか。もう苦しい筋トレはしません。ジム通いもやめました。気が向いたらウォーキングに出る、それが今の私のライフスタイルには合っているようで、結果的に運動量は以前より増えたかも。


日本の女性は大変ですよね。時間の流れに逆らって、見た目の美、若い身体を保つことを社会から求められる。それに応えないと、「劣化した」と厳しい評価をされる……。

でも、もうそういう風潮を変える時期が来ているのでは？

あなたの身体はあなたのもの。今の**自分の身体を「変える」ためではなく、純粋に「やりたいから」ベースでスポーツやエクササイズを楽しまれてはいかがでしょうか。**

歩きたいときに好きな街を散歩する、身体を動かしたいときに緑の中を走る、泳ぐ、テニスをする。そうして内側から滲み出る充足感が、あなたをより美しく輝かせると思いますよ。

第3章

装いはあなたの
“人格”を語る

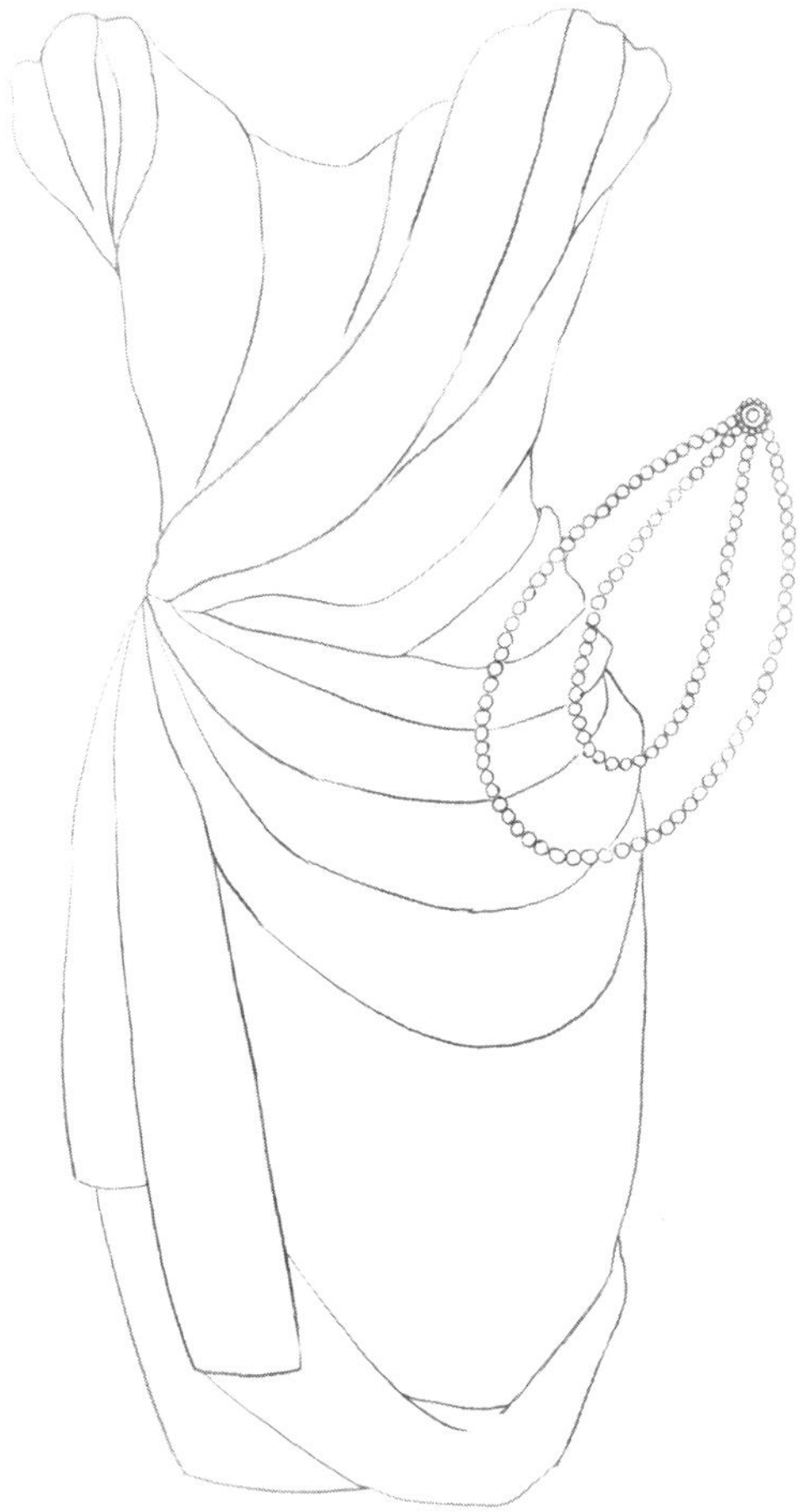

ドレスアップして、しすぎることはない

「えー、嫌だよ、ブレザーなんて、変だよ。誰もそんなの着てないよ」

「いいから着ていきなさい。自分だけだったら、脱げばいいだけでしょ」

これは、週末に、お友達の、田舎の別荘に誘われた息子との会話です。今時の子どもは、週末だからと言って、ジャケットを着用することなどないと私も思うのですが、お呼ばれする先がどんな家風の方かわかりません。失礼になるくらいなら、滑稽であろうときちんとした方がよいというもの。


これ、実は以前、私が言われている方でした。フランス人はディナーやパーティといった集いが大好き。会社の付き合いがない分、個人的な集まりが多いのです。そして、そういう時は夫婦同伴が基本。当初は緊張したものでした。

まず、何を着ていけばいいのか、わかりません。

「何着て行ったらいいと思う？」と私が聞くと、「あのスーツでいいんじゃない？」と、夫は私のワードローブの中で、最もフォーマルな（＝堅苦しい）ものを選ぶのでした。

初めの頃は、夫の言う通りの、きちんとした格好をしていったものですが、集まりに行ってみると、ドレスダウンした人も結構いて、なんだ、別にここまでしなくてもよかったんじゃない、と損した気持ちになったりしていました。

それで、夫に「誰もジャケットなんて着てなかった」と文句をつけていたわけです。夫は苦笑いしながら、「君はベスト・ドレッサーだ」とごまかしていましたっけ。

そんなある時、夫の友人の誕生日を祝うサプライズパーティへお誘いを受けました。田舎でバカンスを過ごしている時のことで、子ども達も一緒のバーベキューパーティだというし、夫に確認せずに、カジュアルな装いで出かけたのです。夫は、私のことをちらっと見ましたが、彼は私が聞かない限りは、何も口出しをしない人。あの時、この格好でＯＫか聞けばよかったな、と悔やみましたが、それも後の祭り。

行ってみると、思いがけずフォーマルで慌てました。私のようなカジュアルな格好の人もちらほら見かけましたが、年輩の方は、コットンや麻のジャケットを羽織っていましたし、華やかなサマードレスに帽子を被った方も多くいらっしゃいました。

何年も前のことなのに、ここまで覚えている理由はひとえに居心地が悪かったからです。誰にも後ろ指はさされなかったし、私としては周囲に溶け込めるレベルのセミ・カジュアルな装いをしていったつもりでしたが、「ちょっと失礼な格好だったかも」と気になってしまって。

その上、子どもをトイレに連れて行った時に、正式な招待客ではなく、子どものベビーシッターと勘違いされてしまったのです。確かに、招待客で、肌の色が違ったのは私だけでした。だから、カジュアルな格好をして、子どもの世話をしているこの人は、遠い国から出稼ぎに来たベビーシッターだ、と誤解されたのでしょう。

よい気持ちはしませんでしたが、洗面所の鏡に映った自分の姿を見て、何だか納得してしまったところもありました。これは、自分のことや、ベビーシッター業や有色人種を卑下して言うのではありません。事実として、鏡に映っていたのは、招待客には見えない女の姿でした。

迷ったらフォーマルな服装で

人にどう見られようと気にしない強さ、もしくはカジュアルな格好でも、クラス感を醸し出せるくらいのエレガンスがあるなら、何を着てもよい。でも、そのどちらでもない私は、多少窮屈であっても、きちんとドレスアップすべきなのだ、と悟りました。

この時以来、招待を受けた際には、夫に確認するまでもなく、フォーマルな服を着るようになりました。目上の方や仕事関係のお呼ばれの時はジャケットを羽織ります。そうではない集まりで、ドレスコードがハッキリしない時は、ジャケットを脱いだら少しドレスダウンしたようにも見えるような、臨機応変の装いにします。

これは、普段はジーンズにオーバーサイズのシャツやセーターという超カジュアルな格好が好きな私としては、相当窮屈なことではあります。でも、これもハレの日の装い、と思えば楽しく。また、フランス人の集まりでは、未だに少し緊張する私なのですが、ちゃんとした格好をしていると、自信が湧いてくるので、よし、としているのです。

義母曰く「**ドレスアップし過ぎて失礼なことはありません。逆は問題だけど**」とのこと。

みなさんも、なじみのない場所に行かれる時は、是非私のベビーシッター事件を思い出して、堅すぎるかな、と思うくらいドレスアップして挑んでくださいね。

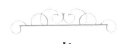

素敵ベルサイユ・マダムのベーシックスタイル

ベルサイユという街は、貴族階級が多く住むことで知られています。日曜のミサに行くと、指にはシュバリエール（家紋が彫られた指輪）やビジュー・ド・ファミーユ（95ページで詳しく説明しますが、家に代々伝わる宝石です）を着けたマダムの多いこと！

そういう街なので、がちがちのコンサバな装いの人も見かけますが、なんてエレガント！ と感心する装いの方も多く、勉強になります。その中で生活しているうちに、エレガントな装いは大きく二つのタイプに分けることができるんだな、と見えてきました。

シンプルな色合いがエレガンスを醸し出す

一つは、同系色でまとめる、という装い方です。例えば、先日見かけたお隣のマダムのスタイルは、オフホワイトのコットンセーターに、いい感じに色落ちしたベージュのチノパンという同系色コーディネートでした。頭にはパナマ帽を載せていて、その生成り具合が同系色のグラデーションをキメていて、とってもシックでした。

秋・冬の同系色コーデで覚えているのは、焦げ茶のカシミアのアンサンブルに、茶系のツィードのスカートを合わせたマダムです。ベルサイユの市庁舎から、黒いアタッシュケースを提げて出てこられたところに通りかかり、思わず目が釘付けに。

足元も、黒タイツではなく、焦げ茶のカラータイツというところが手抜かりなく、首元のゴールドのネックレスがゴージャス感を出していて、カッコいいマダムでした。

その他にも、ブルージーンズに、あえて似た色合いの青いカシミアを合わせて、マルシェで買い物をするマダムや、ダークグリーンがベースのプリント柄スカートに、異素材だけど同色のジャケットを羽織った姿でベルサイユのオペラ座から出てくるマダムなどなど、街に出ると素敵な装いの方がたくさんいらっしゃり、私の目は大忙しとなります。

どの方も、同系色のシンプルさがエレガンスを醸し出すのでしょう、Trés chic です。

もう一つのアプローチは、コントラストを利かせるという方法。

日射しが強いお昼過ぎに、角のレストランのテラス席で見かけたマダムは、珍しいことに黒のトップスを纏っていました。夏、それも日中に黒、というのは、フランスではあまり見かけないのです。ボトムスは、麻ならではの軽さが感じられるふんわりした白いスカートです。健康的に日焼けした素足を組んで、ペリエのグラスを手にしていました。黒なのに、白とのコントラストが利いていて暑苦しさはゼロ。いや逆に、白と黒の組み合わせが、暑さをキリッと引き締めていて、清涼感すらありました。

「さすが、ベルサイエ・マダム！」と心の中で拍手した私です。

一番のアクセントは〝自分自身〟

ここまで読まれて気づいた方もいらっしゃるでしょう。そう、貴族階級のマダムの装いは、ベーシックな色が多いのです。白、黒、ベージュ、茶、紺、水色、グレイ、カーキ、深緑、ボルドーそんなところでしょうか。そこに、**アクセントカラーとして、ご自分の肌や髪、瞳の色に合った色を持ってくる**のです。

実は、今挙げたベーシックカラーは、ベルサイユの子ども達のワードローブそのものと言えます。通学中の子ども達を見ると、皆ユニフォームのように、ベージュや紺色のボトムスに白っぽいシャツという組み合わせです。寒くなると、これに、ベーシックカラーのセーターやブルゾンを羽織ります。

私もそれに倣い、義母にも教わりながら子ども達の服を揃えてきましたが、わかってきたのは、こうやって**色や柄を抑えるから、子ども達の個性が浮き上がってくる**、ということ。

迷子になったら一度ベーシックに戻りましょう

ベルサイエ・マダムに話を戻すと、きっと彼女達も、子どもの頃はユニフォームのように、ベーシックカラーを纏ってきたのでしょう。そこから少しずつ、自分の身体の特徴や個性がわかるようになり、色のバリエーションを加えて、今に至っているのだと思います。

衣装持ちのあまり、「ファッション難民」になっていると危惧される方は、一度、ベーシックに戻ってみてはいかがでしょうか。

その時にはぜひ、同系色コーデ、もしくはコントラストコーデを試してみてください。きっとご自分の「色」が見えてくると思いますよ。

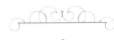

貴族階級がおさえる装いのプロトコール

貴族階級といえば、プロトコール。結婚するまでは私の苦手分野でした。独身時代の休日は、ジーンズと男物のシャツばかり着ていましたからね。結婚し、フランス貴族と接するなかで、プロトコールを知らなかったために恥をかいたことが幾度もあります。

プロトコールとは国際的なマナーのこと。ですので、フランス貴族階級ではNGなことも、日本ではOKとされていることも多いでしょう。でも、そういう常識があることを、知っておくことは大切。

ここでは、私の失敗談を交えながら、装いのルールをいくつかご紹介したいと思います。

貴族階級の色づかいのマナー

夏は明るい色がいいですよね。この季節、普段はベーシックカラーが多いフランス人も、少しはしゃぎ気味に、明るい色を取り入れたりすることも。スカートだけでなく、ジーンズやコットンパンツも、濃いピンクや赤、黄色など、結構大胆な色を選ぶのです。コットンならではの色落ち加減が発色を抑えるので、意外なほどシックではあります。

それでも私はパンツは黒っぽい色を好んでいました。目の錯覚でスリムに見えるし、コーディネートしやすいですからね。でも、そんな私の黒パンツが「暑苦しい」と長年の友人マリアンヌに指摘されてしまって……。夏に、それも日中に黒は異様に映るそうです。合わせ方にもよるのでしょうが、私はトップスも暗めの色なので、なおのこと変だ、と。「フランスでは**全身黒っぽい装いは、宗教的に取られる**わよ」ということです。

そこで、私もカラーパンツに手を出してみたのです。すると、これが悪くない！　丈やフォルムを選べば体型もごまかせます。そして何よりも、楽しい気分になるのです。色ってパワーを持っていますね。

逆に、冬は落ち着いた色に留めた方がよいかというと、そこは逆に、アクセントカラーで遊ぶもよし。ただ、靴やバッグは、白系ではなく、またコットンのような夏素材ではない方がベターかと思います。

時と場所と状況に合わせた服装を

社用の式典や、公式の場においては、女性はスカートが無難だと思います。ジェンダー意識が高まりつつあるのに、今でもそんなこと言うの？　と思われる方もいらっしゃるでしょう。それでも、フランス貴族層ではスカートなのです。

先日、知人の、レジオン・ドヌール勲章の受章パーティに出席しましたが、女性は八割方スカートでした。そういう中にいると、パンツ・ルックの女性は、確かに場違いな印象を残していて、そう感じる自分自身に驚きました。でも、パンツというものは、元をたどれば活動するためのスタイルですものね。そうでない場では、フィットしないのも考えてみたら自然なこと。ちなみに、そのパーティには軍の女性高官が出席されていて、上は勲章がたくさん並ぶジャケット、下はロング丈のスカートの軍服でしたよ。

連想ゲームのようですが、軍服、ミリタリーといえば、ロングブーツ。え、そうなの？　と思われる方も多いでしょう。実は私がそうでした。

ある時、ベルサイユのご近所仲間のティーパーティに招かれた際、ロングブーツを履いていったのです。ビュッフェ形式の会で、私もお茶を取りに行ったり、ちょっと立ち話したり、腰かけたり。そのうちに、私のごっついブーツの足音が気になりだしました。それで、ふと周りをチェックすると、誰もロングブーツを履いていません！　その冬は、街中がロングブーツ姿という大流行の年だったのに、です。後で夫に話すと、

「フランスでは、ブーツといえばミリタリーや狩猟といった血なま臭いイメージを彷彿《ほうふつ》させられてしまう人もいるからね。ベルサイエ達はそこら辺、教育されてるんでしょ」

ということでした。

ちなみに**ブーツは音楽会その他の室内での集い、会社や役職によってはオフィスでも不適切な靴とされる**そう。洗練されたデザインのブーツもありますが、避けた方が無難です。

あと、お茶や食事の席では×な素材があることはご存じですか？

シャトーでのバカンス中は、女性陣は比較的ドレスダウンしています。その日、義叔母のイザベルは、モヘヤのセーターを纏っていたのですが、「もうすぐ食事ね」というタイミングで、すっと消え、ブラウスにソフトジャケットを羽織って戻ってきたのです。私

がはっとした顔をしていると、「だって繊維が飛んでお皿に入ったら気持ち悪いでしょ？あなたのは大丈夫よ、カシミアだから」とウィンクするのです。

私のトップスが安物の化繊だと見抜いているのに、そういう意地悪を言うイザベル。そこは慣れているのでさらーっと流し、確認したことには、

「田舎の家でのことだから薄手のセーター程度は見逃しますが、**星付きのレストランやフォーマルな席ではニットは不向き。あとジャージー素材もダメ。あれは元々スポーツ向けの素材ですからね**」

ということです。

服選びにも「思いやり」を忘れずに

プロトコールは、長年の装いの文化の中で、互いが不快な思いをしないで済むように、という思いやりから生まれたルール。

そんな先人達の知恵を頭の片隅に置きつつ、「私らしい服選び」を心がけたらよいのかな、と思っています。

ファッションにも遊び心を忘れない

私の周りのフレンチマダム達は、ほんとにエレガントで素敵な装いをされる方ばかり。でも、私が心底「参った！」と思うのは、外し方も巧い方に出会った時。いい意味で人の期待に背くのです。

いつもエレガントで、ＴＰＯもきちんと弁《わきま》えた装いをされる方だと思っていると、時として、「え？」と驚く格好をする。でもそれがたまらなくシックで、という。

例えば、ある日の義母の装いを紹介しましょう。その日は、ボランティア活動に関する堅いミーティングがあったとかで、いかにも仕立てがよさそうな濃いグレーのスーツ姿でした。これだけなら、いつものエレガントな義母です。

でも義母はこの**スーツに、大胆な花模様プリントのタイツを合わせていた**のです。

「地味なおばあさんが発言しても、今どきの若い方達は見向きもしません。このくらい驚かせた方が、『誰だ、あの派手なマダムは』と聞く耳を持ってくれるので」

と、いたずらっぽく微笑みます。

こういう遊び心いっぱいのタイツ、義母は何足も持っています。キスマークが飛び交うプリント、大きくシャネルマークがプリントされたものもありましたっけ。ハロウィンの時は、ガイコツ柄のタイツで、ユーモアのセンス抜群！　と感服しました。

「これは小柄なわたくしならではの遊びです。背が高い方や肉感的な方だと、クレイジーなタイツの露出が多くなって無粋になるでしょう。**遊ぶときは、まず、自分の持ち味を見極めること。そして大胆に、でもやり過ぎないように。そのさじ加減が大切**です」

と義母は言います。

おしゃれな義叔母のイザベルは、帽子で遊ぶのがお好きです。

「帽子って、楽しいのよ。例えば、普通のパンツルックでも、パナマ帽を目深に被ると、『粋がった』風になり、後ろに傾けて顔全体が見えるように被ると、道楽人風に早変わりする。普通のドレスでも、つばの広い帽子を被っただけでレディに変身できる。ちょっとした変装ゲームみたいでしょ」

この日のイザベルは、ヒョウ柄のカウボーイ風ハットをマニッシュに被られて、決まっていたこと！　上手に被るためのコツはありますか。

「**帽子を被るときは、その他の装いの色合い、柄、デザインを抑えめにするといいですよ。**その方が帽子も映えますし、派手な格好の上に帽子まで被るとトゥーマッチになるでしょう？　遊び心はほどほどでやめないと、滑稽に見えますから、全体のバランスを見て遊ぶことですね」

今の自分だからできる遊びを取り入れて

お二人とも、**あのお年、あの雰囲気だからできる遊びを楽しまれている。**では私はどうやって遊び心を演出しよう、としばし考えていました。折しも、眼鏡を新調する時期が来ていました。そう、ついに老眼鏡が必要になったのです。ずっと眼鏡なしで来たので、人前で老眼鏡をかけることに抵抗がありましたが、そうだ、この際、眼鏡で遊んでみようか、と思いついたのです。

べっ甲縁のは作家気取りの時に、ザマス風の、尖ったデザインのはちょっとおふざけ気分の時にかけます。

その他、赤い縁のボストン型の眼鏡は意外なことにインディゴによく合い、水色縁のは涼しげなので夏用に、冷徹な印象を与える金縁のは子どもを叱るときに効果的……といった具合に、あっという間にコレクションが増えました。

また、見た目も、年を重ねるたびに、装いが地味になる一方でしたが、眼鏡がアクセントになって、少しおしゃれ度が高くなったのでは、と自画自賛しています。

型にはまらず、今のあなただからこそできる、遊び心ある装いを楽しんでくださいね！

心をときめかせるビジューの使いかた

現代のフランスでは、貴族は特権を全て剝奪されており、みんながみんなお金持ちということもありません。多くの人が会社勤めをしていて、ライフスタイルもミドルクラス化しているというのが現状なのです。

その中で、唯一、貴族階級と一般人の格差を感じるのは、豪華なビジュー（宝石）を目にする時です。社交の集まりに顔を出すと、必ずと言ってよいほど女性達は直径一センチ以上ありそうなルビーやサファイアの指輪やイヤリングを着けているのですよ。

普通にフランスで暮らす中で、こういう大きな石の付いたリングを着けている人にはなかなか遭遇しません。一般のパリジェンヌ達は、プチ・ジュエリーやファッションリングを楽しんだり、ゆとりある人であれば、高級ブランドのデザイン・リングやネックレスを着けています。その辺は日本と同じなのです。

一方の貴族階級。各家には、「ビジュー・ド・ファミーユ」というものがあります。結婚や出産祝い、最後は相続の時に、夫から妻へ、母から子どもへと渡されるものです。

多くは指輪やペンダントヘッドとして渡されます。でも大切なのは形態やデザインではなく、サファイアやルビー、ダイヤモンドといった貴石の部分です。デザインが古めかしくなると、職人にリセットしてもらって、時を超えて引き継がれます。

大きな宝石は、その家の富の象徴でもあり、女性達は、そこでお互いを値定めしているところがあります。社交の場では、マダム達が鋭い視線でお互いの宝石をチェックしています。男性達も結構よく見ていて、私も夫から、「あのマダムのサファイア、色がいい。さりげなく見てご覧」と耳打ちされ、その観察力に驚くことがたびたびあります。

私は、自慢ではないですが、宝石の類いは一つも持っていませんでした。婚約した時にエメラルドのリングをもらいましたが、すぐ物をなくすタチなので、銀行の貸金庫に入れっぱなしにしていたほど、無関心だったのです。

そんな結婚して間もない頃の話です。

ビジューを纏う意味を理解する

ある夜会で義母と一緒になりました。貴族層の人達は家族単位で付き合うことが多いので、社交の場で義理の家族と一緒になることはよくあるのです。

義母の姿にほっとし、「ボンソワール！」と近づくと、他の女性達と同じような鋭い視線で新米の嫁である私の全身をチェックしました。フランス女性は、こういうところは割と露骨。どぎまぎしていると、

「あなた、あのエメラルドをどうして着けないの？」

と、婚約指輪のことを詰問されました。理由を説明すると、義母は大きくため息をつき

「宝石は、身につけて初めて価値があるものでしょう？」

と説教しながら、一辺二センチはあろうかという大きなダイヤモンドのリングを着けた指で、細い首に巻き付いた大粒の黒真珠がぞろりと並んだネックレスをいじりました。

私は義母のビジューの豪奢さに怯みながら、私だって着けてますでしょ？　ほら、と、日本が誇る養殖真珠のネックレスや、その昔バンコクで買ったカルティエのトリニティー（もどき）をアピールしました。

でも義母はそれらに一瞥をくれることもなく、指を横に振り「ノン、ノン」と呟き、

「あなたはビジューというものを理解していないわね。**ビジューには女性を美しくするパ**

ワーがあるの。それを感じないようなものは意味がありません」

　というお説教が始まったのです。

「ビジューというものは、大人の女性を美しく、強く、時には艶めかしく見せるものです。例えば真珠。あなたのも素敵だけど、着け方が間違っている。真珠の魅力は、その肌に乗り移るような輝きにあります。それなのに賑やかな襟元に着けていらっしゃるから、輝きが埋もれていますわ。それなら、白いビーズのネックレスでも同じではないですか」

　確かあの時は、大きなストライプ柄のフリルが付いた立て襟のブラウスを着ていました。

「**真珠は素肌に着けてこそ、真価を発揮します**。汗で傷む？　そんなのはアフターケアをきちんとすれば避けられます。真珠のひんやりした感触、身体の動きにシンクロして粒と粒が擦り合う音。この高貴なセンシュアルさが、女性を美しく見せるのです」

　と言って、また真珠を愛おしげに触りました。それもあって、私の目はまた、義母の巨大なダイヤのリングに釘付けになったのです。それに気づいた義母。

「これ、すごいでしょう？　何カラットあると思う？」

　といたずらっぽく微笑みます。

「見当もつきません」

と降参すると、「ふふふ」と少女のような笑みを漏らします。

「これ、ジルコニア（人工ダイヤ）なの」

唖然とする私に、

「本物ではないことくらい、みなさんご存じですよ。でも華やかですし、遊び心があっていいでしょう？」

とあまりにも楽しそうに微笑むので、私も一緒に笑った覚えがあります。

選ぶ基準は「あなた」が美しく見えるかどうか

義母の宝石道は、あまりにも粋人過ぎて真似すらできないのですが、この時以来、**ビジューを選ぶ時は、これが私をどう美しく見せてくれるのか、ということを考える**ようになりました。

そういう観点で見ると、若い頃に着けていたプチ・ジュエリーは、年を取った私には、もはやそういう効果をもたらしてくれないことを知りました。

大人世代となった今、私を輝かせてくれるのは、大きめのジュエリーです。私は、宝石は本物の石でなくともよいと思っています。

ジルコニアでも、クリスタルでもよいと思うのです。ただ、それなりの大きさがあった方が、装いにインパクトを与えますし、石の重みが、いつもよりエレガントに振る舞いたくなる作用をもたらしてくれると考えています。

本物志向の方のために、義母から教えてもらったことを伝授致しますと、サファイアは、天然光の下で美しく輝くそうです。なので、日中やアウトドアのイベントの時に向いているとのことです。

一方ルビーは電気の明かりを上手に反射するので、室内での催し物の時に着けるとよいそうですよ。

どうぞ大人ならではの宝石道を楽しんでください。

ただ「好きな服を着る」のはみっともない

服を選ぶとき、あなたは何を基準にしていますか？

好きな色、好きなデザイン？　それとも似合う色、似合うデザイン？

最近よく、「好きな服を着る！」というフレーズを耳にしますが、そのたびに思い出すエピソードがあります。長男が五歳になり、ようやく自分で着る服を選び着替えることを覚えはじめた頃のことです。

ある日曜日、義理両親宅でのランチョンに招かれ、家族でお邪魔しました。

祖父母宅に出向くときには、普段より少しよい格好をしましょう、というのがフランス貴族階級のエチケット。そこで私も子ども達には革靴を履かせ、ダウンジャケットではなく、コートを羽織らせたように記憶しています。

でも義母としては、長男の服選びが気になったよう。

「あなた、あの子の格好は何？　チェックのパンタロンに、ストライプのシャツはないでしょう。柄×柄は装いのルール違反です！」

私も確かに賑やかな組み合わせだとは思いましたが、長男が最近、自分で身支度するようになったので、その自主性を尊重したかったのだと説明し、理解を得ようとしました。でも、これがかえって火に油を注ぐ結果に。義母は、冷ややかな声で、

「子どものうちに装いのルールを叩き込まないと、あとでトンチンカンなセンスになりますよ。Notre mileu（私達の階級）では、子どもはベーシックカラーを纏います。ボトムスはマリーンブルー（紺色）、グレー、ベージュ、臙脂色、デニム、そんなところでしょうか。トップスは白もしくは薄い水色。女の子であれば薄いピンクも許容します。紫に柄だなんて派手な組み合わせを着るものだから、あの子、吞まれているじゃありませんか？」

この日の長男は当時気に入っていた紫のストライプのシャツでした。「あの子、紫が好きなんです……」と、蚊が鳴くような小声で呟くと、義母はため息をついて、

「紫などは気品のある人だけが着ていい色です。**好きだからと言って、着こなせないものを着ても、奇異に映るだけです！**」

と、熱弁を振るっていましたっけ。

さて時計を今に戻しましょう。

「好きな服を着る！」という声を聞くたびに、私も〝好き〟を纏ってみるのですが、しっくりこない。そして鏡に映る自分が、紫と柄×柄の何が悪い！　と膨れていた長男と重なってしまうのです。

大人のおしゃれは感情よりも「頭を使う」

そんな時に、ふと耳にした会話があります。義母と義叔母姉妹がサロンで話している時のこと。ファッション誌を手にしていた義叔母のイザベルが、

「この秋は、ダークグリーンがトレンドなのね。このスカーフ素敵よ、お姉様好きそう」

と、開いていた雑誌を義母に渡しました。

「緑は大好きだけど、顔映りが悪いの。だからスカーフは無理なのよねぇ……」

義母はそう答えながら渡された雑誌の他のページをパラパラ。

「ボトムスであれば顔映りも関係ないから、このスカートなんかいいわね。光沢あるダー

クグリーンが素敵だわ」と、そのページを切り取りました。

どうやって〝好き〟を着こなせるのか、頭の片隅で考えていた頃だったので、耳がピクピクと反応した私。**好きだけど似合わない色は顔から離して身に着ける**、と頭にメモ書きしました。

もう一つ、同じ頃に学んだことがあります。恐れ多くも英国のケイト妃が先生です。その頃のケイト妃は、ヌードカラーのパンプスをよく履いていらしたのです。このように**脚と足元を同じ色でまとめると、膝下が長く見える**ことを知りました。

それで私も真似しました。お気に入りのミニワンピースがあるのですが、脚が短いので頭に描いたように着こなせなかった！　それを、素足かストッキングにはベージュの、黒いタイツには黒のヒールを履くようにしたら、自分としては及第点の見映えとなったのです。

好きな服を着るために、克服することはまだまだありますが、今では、着方によっては、似合うように持っていけると信じています。

子どもみたいに、**感情のままやりたい放題合わせるのではなく、頭を使い、工夫して、〝好き〟を着こなすのを、大人のおしゃれと呼ぶ**のかもしれませんね。

伯爵夫人は10着しか服を持たない？

『フランス人は10着しか服を持たない』という本がベストセラーになって以来、日本の友人から「ねえねえ、あれってホント？」と聞かれることがあります。

わが義母に関しては、「ほぼ」ホント。正確には「10着しか持たない」ではなく「並べない」という。どういうことなのか、ご説明しましょう。

着回し上手の秘訣は〝用意周到〟であること

あれは一昨年の八月末のこと。長かったバカンスも終わり、義両親もしばしパリに戻られるというので、私もシャトーの片付けを手伝っていました。家具に白い布を掛け、後は何をしたら良いのか、義母の部屋へ赴き、お伺いを立てました。

「Entrez（お入りになって）」と言われ入室すると、義母はディヴァンに腰掛け、空っぽのクローゼットを眺めていました。ベッドの上には、秋冬物のスーツやドレス、その他のアイテムが広がっています。怪訝に思っている私に、義母は、

「次回こちらに来るのは秋頃だと思うので、今のうちに衣替えをしておこうと思いましてね。こうして空のクローゼットを見ていると、『何を着たいのか』が見えてくるのです」

そう話されると、ベッドの上から、ソフト・ツィードのスーツ、スカートを一枚、パンタロンを二本、あとは、ボルドー色のカシミアのアンサンブルに、プリント柄のドレッシーなブラウスと白いシャツをピックアップしてハンガーや棚に収められました。

これだけ？　十着にすら届かない数です。

「**たくさんの服に囲まれていると、自分が望むスタイルが見えなくなる**もの。まずは『今着たい服』だけを選びます。追々、他に必要なアイテムも見えてくることでしょう。小物も決めたら、残りの服は、別の場所に収納するのです」

義母はそう説明すると、早速、ベッドの上で、着回しコーディネートを繰り広げられました。ツィードのスーツは、スーツとして着る時はエルメスのスカーフと、スカートだけを使う時は臙脂のタイツと、ジャケットだけの時はパンタロンと組み合わせていきます。

「おしゃれは大好きですが、この年になると、毎日装いを考えるのが負担な時もあってね。

だから、**シーズンごとに、何パターンかの装いを決めておく**ようにしていますの。

大体の着回しが決まったら、靴や小物も合わせて何度も試着し、スカート丈やバランスを確認します。そうやって**一度ピタッと決まったスタイルが見つかったのなら、それを繰り返すの。その方が、下手にいじるより、よっぽどいい**のよ。これは何十年と鏡の前で時間を費やしたわたくしが言っているのですから、本当でしてよ」

この説明で、義母が着回しがお上手な理由が分かりました。このように事前に考え、チェックしているから、いつも完璧なコーディネートだったのですね。

時間がなくても完璧コーデで出かけられる！

これを聞いて私も奮起しました。それまでは、出かける間際まで何を着るか悩み、バタバタと準備しては、やっぱりバランスが変！　と大慌てすることを繰り返していました。

今は、季節ごとの〝おしゃれルック〟を、三つだけですが、事前に決めてあるので大丈夫。義母のように、**合わせる靴、ストッキング、そしてアクセサリーやバッグまでも決めて、試着して確認しておく**のです。

①仕事にも着られるちゃんとした装い
②カジュアルな装い
③お出かけ用の装い
この三パターンのコーディネートを用意しています。

おかげで、急なお誘いがあっても、ささっと対応できるようになりました。ぬかりない装いだと自信を持てて気持ちがよいこと！

また、衣替えの時は、義母の真似をして、「私は今、何を着たいのか」と自分のインスピレーションを聞くようにしています。何色気分なのか、フェミニンでいきたいのか、それともシャープに攻めるのか。そんな気持ちを確認しながら、何アイテムかをクローゼットに収め、そうでない服は、別の収納スペースにしまうようにしています。

現在は、〝20着しか並べない〟ところまで来ました。クローゼットがスッキリすると、頭も心もスッキリ！　もし、タンスの整理はしたいけれど、断捨離には躊躇されているという方がいらっしゃれば、まずは〝10着しか並べない〟作戦、おすすめです！

そして、不思議なことに、限られた中で考えた方が、着回しのアイデアが湧いてくるものですね。もしかして、これが義母のおしゃれの秘訣なのかも、と勘ぐっています。

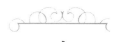

立ち居振る舞いが美しい人の秘密

「バタバタ歩かない、ドタドタ歩かない」

これは、子どもの頃からずーっと言われてきたことです。CAとして働いていた頃は、「風を切って歩くな」とも叱られましたっけ。

私も、自分の歩き方がスマートでないことは重々知っていたので、注意しているつもりでしたが、何かが根本的に間違っているのでしょう、一向に直せずにいました。

それが、この何年かで、少し改善されたかもしれません。というのは、フランスで暮らすようになって、もしかしてこれなのかな、と思う「歩き方矯正法」を見つけたのです。

伯爵夫人の美しいウォークを手に入れる方法

それは、**外ではもちろん、家の中でも、ひたすらヒールのある靴を履くこと。**

パンプスだけでなく、ショートブーツでも、サンダルでも、そして、室内履きも。スニーカー以外は、とにかくヒールがある靴を履くのです。ヒールの高さは、室内履きなら二、三センチ程度、外履きは、できれば五、六センチ以上あるとよいと思います。

ヒールの形も、昨今は色々ありますので、ご自分に合ったものを探してください。ウエッジソールは比較的楽ですよね。あと、大きめのヒールも楽かな。

靴底部分にクッションがあることも大切。靴底がしなやかなことも確認してください。「この靴なら、五キロくらいは歩ける」、というハイヒールを探し、見つけたなら、毎日それを履いて歩くのです。

これは、立ち居振る舞いが一際美しい義姉アンの真似をして始めたこと。小柄なアンはいつもヒールのある靴を履いています。フランスでは、室内も靴を履いたままですから、アンは、起きている時はほとんどいつもヒールを履いているようなもの。これが秘訣かなと思い、私もヒールにこだわってみることにしたのです。

そうしたら、嬉しい変化がいくつかありました。

「おしゃれ」だけじゃないヒールの効果

フラットな靴ばかり履いていた私が、ヒールを履くようになってまず感じたのは、気持ちがいい、ということ。

ヒールを履くとバランスを取るために、**いつもより背筋が伸びて、自然と胸も張ります。それが気持ちをもシャンとさせる**のだと思います。

また、ヒールがあると、自然と動きがゆっくりになります。転びたくないですものね。せっかちなため、いつも**早足で「風を切るように」歩いてしまう私でしたが、ヒールのおかげでゆったりと歩くことができるようになった**のです。

歩き方そのものにも変化がありました。ヒールだと、足が着地する時は、つま先の、親指の付け根あたりに意識がいきます。そこから着地するとヒールもほぼ同時に地面に着いてバランスがよいのです。そんなことを無意識に考えながら歩くから、ゆっくりになるのでしょう。でもだからといってスピードが落ちるかというと、そうでもないから、不思議ですよね。

ゆったりと丁寧に、キャットウォークさながらに、一線上に交互に足を置く、そんな感じで、歩を進めるのです。

さらに加えると、たとえブーツであっても、ヒールがあるだけで何かフェミニンな気持ちになります。室内履きでさえ、少しヒールがあるだけで、掃除機をかける動作がいつもより女らしくなる気がするという。

こういう、「なったような気分」が、きっともの腰にも出るのだと思います。

こんなことを考えていた先日、アンがテニスの帰りにわが家に立ち寄ってくれました。テニスシューズ姿のアンを見ていて、思わずクスッと笑みをこぼしてしまいました。歩き方といい、足が着地する様子が、まさに、ヒールを履いている時と同じなのです。癖がついているのですね。

「あら、何か変？」

と怪訝な顔をするアン。

いいえ、とってもエレガントでございます！

第4章

「女」を楽しみ続けるから
いくつになっても色あせない

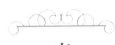

妻になっても母になっても「私」を大切にする

フランス貴族層の女性というと、気位が高いイメージがありますが、それはひと昔前の話です。今の女性は、この「上から目線」というニュアンスがある言葉より、強い、という言葉の方が、ピッタリくると私は考えています。これは貴族階級に限られたことではないかもしれません。フランス女性は強いのです。時にはわがままに映る時もあるほどに強い。その理由は**自尊心をしっかり持っている**からだというのが私の解釈です。

初めにフランス女性の強さを認識したのは、結婚当初、義理両親のシャトーに滞在している時のことでした。

早朝のこと、サラマンジェに降りていくと、そこにはパジャマ姿の義姉アンのご主人、ポールがべべ（赤ちゃん）を抱っこしていました。

ポールが不器用そうにべべをあやすのを見て、思わず「抱っこしましょうか」と、申し出たのですが、ポールに、「ノン・メルシー、大丈夫だよ」と断られました。

それからも、ポールが夜泣きするベベをあやしに行ったり、ミルクをあげるところを何度か見てきました。この一連のポールの「イクメン」ぶりで私が一番感嘆したのは、ポールのことではなく、アンの堂々とした態度でした。

早朝のミルクに関しては、「私、朝弱いのよ。ポールのおかげで助かるわ」とポールに投げキッスを送ります。

夜泣き対応に関しては、「一度目が覚めると、私、なかなか寝付けないタチなの」と、全く悪びれません。

「産休中なんでしょ?」と思わず聞いてしまった私。せめて産休中はお母さんがベベの面倒を見ればいいのに、と思ったのです。ポールは前日まで仕事をした上、田舎まで運転してきたのですから。

「そうよ。でも産休というのは、出産で疲れた身体のための休みでしょ?」

とアンは答えました。その時、「あ、確かに」と納得したのです。アンが元気そうにしていたので、出産という偉業を成し遂げたばかりの身体ということを忘れていました。

このアンの考え方に、何か、しなやかな強さがバックボーンにある、と感じました。

そして私は、何故女の方が子育てをするべきだ、と考えたのか。私の中の女性観に歪みがあることを痛感しました。

この数年後に、別のアングルから考えさせられることがありました。

それはバカンス中のこと。何らかの事情で男性陣はおらず、義母と一緒に、うちの子ども達と簡単な昼ご飯を食べていました。私は義母と話しながらゆっくりと頂いていたので、彼らが終わった時点ではまだお皿の半分くらい残っていました。すると当時食べ盛りだった息子二人が「お肉、ちょうだい」とねだってきました。これはわが家では毎度のことだったので、私も躊躇なく自分の皿のチキンを二つに切って長男と次男にあげました。

すると、義母が息子達に、「返しなさい」と命じたのです。私は慌てて、

「いいんですよ、この子達、最近よく食べるんです」

と説明すると、義母は、

「だからといって、あなたの取り分を奪うことはないでしょう？　あなただって、しっかり食べないと身体に悪いですよ」

この時、はっとしたのです。日本では、お母さんたるもの、ちょっとした自己犠牲は当たり前です。だから、私も日頃から何も考えずに自分のものをあげていました。

ですが義母は、よしなさい、と言い、**自分のことも大切にしなさい**と言ったのです。

どんな立場であってもリスペクトを求めていい

このことがあってから、周りを意識するようになりましたが、子どもに対しての自己犠牲的な振る舞いは、フランス人女性には見られないことに気づきました。

子どもに対して、「それが一人分なの。足りなくてもしょうがないでしょ、ママも食べたいのよ」と言い切る母親。そこには、「ママである前に私も人間なの。あなたも、甘えることばかり考えずに、そこをリスペクトして」というメッセージが受け取れます。

そして、フランス人女性の、私は私、という矜持を感じたのです。

妻であり、母であり、仕事中は別の顔も持っているけれど、いつも「私」という一人の人間であることに変わりはない。それはとっても大切なことなの、勝手に踏み込まないでね、という。

この自尊心こそがフランスの女性の強さの根源であり、社会においての男女平等にも好影響を与えているのではないか、と思うのです。

フレンチマダムの夫婦円満の秘訣

「フランスといえばアモール」というような記事をよくみかけますが、そのたびに目を丸くする私です。「フランスでは不倫沙汰は当たり前、愛が冷めたら即離婚」、というその激しい内容に、フランスは分断されているのかな、とまで思ってしまいます。

というのも、貴族階級を見ている限り、愛はもっと安定したものです。私の周りに限ったことかもしれませんが、離婚率もすこぶる低いですし、不倫については、その手の噂すら聞いたことがありません。

いつも仲良さそうに夫婦同伴で社交の場に顔を出していて、ちょっとした会話から、マダムもムシューも、お互いを大切に思っていることが感じられます。

一概には言えないでしょうが、私は、**夫婦円満の要因として、先にも述べたようなフランス女性の〝強さ〟が貢献している**のだと思います。

義母や周りの女性達を見ていると、「わたくし、妻として、母として、そして女として頑張っております。ですので、それ相応のリスペクトを求めていますからね」という声が聞こえてきそうなくらい、自己肯定感があるのですよ。

「あなた、喉が渇いたわ、シャンパン取ってきてくださる？」

「あなたのそれ、美味しそうね、わたくしも頂きたいわ」

「あら、あなた、ダンスフロアーに誘ってくださらないの？」

「あなた、あの子達が騒いでいるわ、どうしたのか見てきてくださる？」

「あなた、一曲弾いてくださらない？　軽快なモーツァルトがいいわ」

社交の場でのマダム達は、「あなた、あなた」の連発です。マダムの要望に対し、ムシュー達もスマートに呼応して、ご夫人にしっかり仕えています。

きっとこれは社交の場だけではなく、家の中で夫婦だけの時も同様だと推されます。

マダム達は不満があれば、我慢はしません。何がどう不満かを蕩々《とうとう》と語り、「だからあなたにはこうしてほしい」とハッキリと伝えることでしょう。

どこかに旅行に行きたければ、誘われるのを待たずに、ご主人に「連れていってくださらない？」と迫ることでしょう。

疲れた時は無理などせずに、「疲れましたので、あなた助けて」と堂々と頼むことでしょう。「彼も疲れているみたいだから」と遠慮などしないのです。

「だって、**夫は大切ですけど、わたくしも大切**ですもの」という考え方をするのです。

男性側も、それを負担に思っているようには見えません。逆に、「今夜は妻をディナーに連れていく約束だから」とか、「子ども達の送り迎えは私の担当なんでね」などと、嬉しそうに家における任務を口にしているあたり、妻のパートナーとしての役目に誇りを持っているのだと思います。

いや、もしかしたらそれ以上に**男性は、妻に頼られていることに、奮い立つものがある**のかもしれません。

女性も然りではありませんか？　ご主人に何か頼まれると、――もちろん、頼まれ方にもよりますが――「もうしょうがないんだから」と口では言うものの、嬉しい気持ちもするではないですか。

この無理しない関係が、夫婦円満に貢献しているのではないでしょうか。

「お願い」すればお互いハッピーに！

うちはどうかというと、以前は、私は日本的な思考が刷り込まれていたのか、仕事で疲れている夫に何か頼むことに抵抗があり、多少無理をしてでも自分で請け負ってしまうところがありました。

でもね、ある時気づいたのですよ。夫に頼まない代わりに、察してほしいと望んでいる自分がいることに。そしてタイミングよく察してもらえないとイライラするという。これは不毛だな、と思いました。イライラした状態は、心も身体も蝕みますしね！

ですので、近年は、**私も「あなた、あなた」、と頼むことにしています。おかげで心身ともにずいぶん楽になり、夫に対しても素直に感謝の気持ちが表せるように**なりました。

頑張りすぎているかな、と思ったら、あなたもフレンチマダムになりきって、「あなた、お願い致しますわ」とバトンタッチしてみてはいかがでしょう。

夫婦間はストレスフリーでありたいですものね！

伯爵夫人は社交界で「女」を磨く

フランスの社交界は、ご存じのように夫婦同伴が基本ですが、その一方で、ディナーや着席式パーティでは、夫婦は隣り合わせではなく、離れて着席させられることはご存じでしょうか。何故こういう慣習が生まれたのか、調べてもはっきりしません。

さらに社交の席で食卓に着く時、男女交互に座るように決められます。

こうなるとまるで合コンのようではないですか。このルールの存在を知った時、私の頭に浮かんだのは、結婚していたのにもかかわらずフランス国王の公妾《こうしょう》となったポンパドール夫人のことでした。何か淫靡なものを感じたのです。

このことはさておき、社交といえば会話です。貴族社会では、口火を切るのは男性の役となっています。特に目上の男性に女性から話しかけると、無礼者扱いされかねません。

こういうところは未だに古風なのです。

面識のないムシューがお相手なら、こんなふうに始まります。

「海外の方とお見受けしましたが……」

いきなり、「日本人ですか」「中国人ですか」などと断定的な聞き方はしません。間違って嫌な気分をさせないように、というさりげない心遣いに育ちの良さが表れます。

「ええ、日本から来ました」と答えると、大抵、「素晴らしい国だと聞いています」と、ポジティブな反応を返してくださる。ノーブルな方々は毒のある言葉は吐かないのです。

やがて食事が進み、会話が進んでくると、そんなムシュー達も饒舌になってきます。

「その赤いドレスが、貴女の黒い瞳を引き立てて、とてもシックですね」

などと、こちらが赤面しそうなことをさらりと囁く人も。当初は、こういうことを言われると、「社交界のポンパドール疑惑」を強め、警戒したものですが、今は、「まあ、なんてお優しい。メルシー」と微笑んで流しています。

というのも、以前、私が自意識過剰気味にキーキー騒いでいたら、夫に笑われたのです。

「誘惑している『ふり』を楽しんでいる人もいるのかもしれないが、ほとんどの男性は、『今夜のためにエレガントに装う努力をした女性に対する感謝の言葉』を述べている、それだけだよ」、と。

さらに、「讃辞を贈るのが、男性としての礼儀」とも言ってましたっけ。

言われてみれば、フランスの男性は、そういう優しいところがあります。夫の言葉に納得し、下心がないとわかると、褒め言葉も素直に受け容れられるもの。夫ではない男性に認められるというのは、何かくすぐったい気持ちがしました。

妻でなく、母親でなく、一人の女性としても、私はまだまだイケるのね、と自信が湧くというか。女って面白いですね。

回を重ねれば重ねるほど、会話というものは奥が深いな、と痛感します。ディナーの二時間を楽しく語り合うためには、女性側も頭フル回転で会話に従事しなくてはなりません。どのように相手に呼応するのか、どのような提言をするか。知性、教養、そして謙虚さ。この三本の柱に加え、ユーモアのセンスが求められます。席を立つ時に、

「マダム、素敵な会話をありがとう。楽しい夕べでした」

と言われたなら、Victoire!（勝利）。「私もやるじゃない」と誇らしい気持ちになります。

それでもやはり、夫と一緒に座らせてくれたならどれだけ楽か、とこのルールを恨む気持ちもありました。夫が隣にいたら、私は合いの手を入れる程度で済みますからね。

ですが、昨今になって、夫婦をバラバラに着席させる長所が見えるようになりました。

たまには「自分を試す」場に身を置いてみる

私の場合、普段の暮らしの中で、自分を一人の「女性」として意識することはほとんどありません。家族の中で、私は妻、そして母親として存在しているのです。

それが社交の席では、よく知らない男性に挟まれる。嫌でも自分が一人の女性であることを意識させられます。会話や立ち居振る舞いを通して、**一人の大人の女性として、魅力があるのかないのか試されます**。試されると、認められたい欲が出てくるのです。

褒められた時は自信を得、会話が上手く流れなかったなぁ、と感じた時は、何がいけなかったのだろう、と考えさせられます。こういう**アップダウンが、私の大人の女性としての魅力を鍛える機会となっている**のだと思います。

日本には色々なサークル、コミュニティがありますよね。一人の女性としての知性や人間性、センシュアリティを磨くためにも、たまにはそのような場所に、お一人で参加されることをおすすめします。

魅力的な「大人の女性」として今を楽しむべく、自分を鍛えませんか。

いつまでも夫を誘惑するマダムたち

少し前に、夫と行ったレストランでのワンシーン。

向こうのテーブルに、私達と同年代と思わしきカップルが向かい合ってディナーを召し上がっていたことは、随分前から気づいていました。シャンパーニュで乾杯していて、どうやら銀婚式のお祝いのようです。

私達と同じくらいの年で、既に銀婚式ということは、結婚したのは二十代半ばかしら、早いわね、などと、どうでもよいことを考えていました。

男性は、スラーッとしたのっぽさん、女性は、小柄なお痩せさんです。ノースリーブのトップスから出た肩が華奢で、その上に、ディナーの前に、ブローセットしてきたのでしょう、程よいボリュームが出たブロンドヘアがふんわり広がっていて、とってもシック。

そんな奥様を、ご主人はかわいくて仕方がないという感じで見つめていて、見ている私まで幸せな気分になりました。

デセールを終え（ご主人が奥様の分まで食べてあげていました）、ご主人だけエスプレッソを飲んでいらっしゃる、その時。奥様が、テーブルに乗り出し、何かご主人に囁きました。すると、ご主人の頬が赤く染まりました。フランス人でも赤くなるんだ、と小さく驚く私。お酒を飲んでも、何しても顔色を変えない人ばかりなのだと思っていました。

奥様は、両ひじをついて組んだ手の上に、その小さなお顔を載せて、ご主人のそんな様子を、いたずらッコのような笑みを浮かべ、上目遣いで眺めていました。

「マダムはなんて言ったんだろう」私としては、テーブルに歩み寄って直接聞きたくなったくらい、好奇心が湧きました。そんな私の様子に、ようやく気づいたわが夫、

「どうしたの？」

と聞きますが、

「ううん、何でもない」

と思わずウソをついた私。いつもなら、「ちょっと、あのテーブルの人達、面白いからこっそり見てみて」と、私の人間ウォッチに巻き込むのですが、この時は、何故か、彼には言えない、と思ったのです。

あのあと、しばらくの間、このののっぽさんとお痩せさんカップルのことが忘れられませ

んでした。マダムの、上目遣いでご主人に投げかけた艶っぽい微笑み。私はあんな視線で夫を見つめたこと、あったかしら。何か大切なことを長いこと忘れてきたのでは、と不穏な気持ちにさせられたのです。

ここで場面を義理両親のシャトーに変えましょう。

欧米の人達は、人前でビズしたり、ハグしたりと、スキンシップが多いですが、貴族階級に関して言えばぐっと控えめです。その分、ふとした仕草から二人の親密度が露見した時、こちらまでどぎまぎする事があります。そんな話です。

ある時、シャトーのサロンで当時公開中だった宇宙映画の話をしていました。義姉アンのご主人ポールがその分野に詳しくて、みんなが理解できなかったシーンについて、重力がこうだからああなった、と、わかりやすく説明してくれました。

「なるほどね」「やっとわかったわ」「メルシー、ポール」と、みんなしてポールを称賛したのですが、その時アンが、「Tu es fort!（すごいわ、あなた）」と、ポールの首に腕を回して、軽くビズをしたのです。フランス的には、よくあるシーンという感じです。

でも、その時のアンが何とも魅惑的で、私はドキッとしてしまいました。そして、ポールの顔ったら！　まるでお母さんに褒められた子どものように、鼻をふくらませ、照れ隠ししていて、かわいかったこと。

レストランののっぽさんも、マダムに見つめられた時、きっとポールのように、「こんなかわいい妻に未だに愛されているなんて、私も捨てたものじゃないぞ」と自信をみなぎらせたのではないでしょうか。

さぁ、パートナーにときめきを仕掛けてみましょう

結婚生活も長くなると、ついついこういうときめきを忘れがち。特に年を重ねると、女としての魅力に自信がなくなってしまう、そういう方も多いのでは。

でも、それって、実は男性も同じなんだな、とポールや、こののっぽさんを見ていて気づきました。奥さんの、ちょっとした仕草や言葉で、あんなに喜ぶのですから。

たまには、相方さんに、**「あなたをひとりの男性として見ています」という魅惑の視線やビズを投げてあげる**のもいいかもしれませんね。

年を重ねるごとに、美しさを更新する

義叔母イザベルのお化粧が変わったことに気づいたのは、少し前のことでした。以前は、その美しい青い瞳に重きを置いた化粧で、唇に色をつけることはありませんでした。それが、ある時から、ピシッと紅いルージュを引くようになったのです。

いや、変わったのはお化粧だけではありません。服の色も、以前は、ベージュ系が多かったのですが、気づくと赤や紺といった濃い色を纏うことが多くなりました。

実は、私、イザベルは恋でもしているのかしら、などと勘ぐったりしていたほど、何かが変わったのです。

そんな先日、イザベルが、長いこと愛用していたピンクベージュのストールを譲ってくださいました。いいのかしら、と戸惑っていると、

「上質なカシミアで織られているから心地よいのよ。でも、髪を染めなくなったら、似合わなくなってしまったの。ボロだけど、よかったら使って」

いえいえ、ボロだなんてとんでもない。貴族階級の方は扱いが丁寧ですからね。二十年近く纏ったというこのストールも新品同様でした。

そして、この言葉からお化粧や装いの変化の理由がわかったのです。シルバーヘアになったせいで今まで似合っていた色が似合わなくなってしまった、ということでした。

「お寂しいですね」

と声をかけたところ、イザベルはオーホッホホと明るく笑いました。

「いいのよ、今まで愛した色、服は、もう十分に纏いましたし、髪も、長くしたり、巻いてみたり、十分に楽しみましたからね。

ある日、突然、ブロンドが似合わなくなっていたのよ。だから染めるのをやめました。

そして、ブロンドでなくなったら、今まで纏っていた色が似合わなくなりました。お気に入りだったジーンズも、急にだらしなく見えるようになってね。

服だけではないわ。お化粧も、いくらファンデーションを塗っても、きれいに見えなくなりました。年を取るって面白いのよ。毎日老いているだろうに、ある日、突然がくっと変わるの。

でも、何ごとにも別れはつきものですからね。その時が来たらAdieu!（サヨナラ）手放すしかありません。

一方で、新しい出会いもあるのよ。

例えば赤。ブロンドの時は、赤い服、紅いルージュなんて、トゥーマッチだったけど、シルバーグレイの髪になったら、急に似合うようになりました。赤なんて、若い時に少し身につけたことがあって以来ですから、小娘のようにドキドキしていますの。

紺色も大好きな色でしたが、何か決め手に欠けていて着こなせなかった。それがシルバーグレイになったら、ピタッと決まるようになり、喜んでいますわ。

カジュアルな格好も、中途半端だと疲れた老人風になってしまうけれど、若い人顔負けの、完璧なドレスダウンをすると、これがシルバーグレイと妙に決まって、カッコいいこともわかりました。フォーマルなドレスも、頭がシルバーグレイだからこそ着られるものもあって、おしゃれが楽しくなったし、これからは攻めたルックでいきますわよ」

と、イザベルはウィンクを投げるのでした。

年齢の変化は新しい自分との出会い

実際、この日のイザベルの装いは攻めていましたよ。光沢あるグレイのスーツ姿は一見普通にエレガントなのですが、よく見ると、長めのタイトスカートは、太ももの上の方までスリットが入っていて、セクシーなデザイン。若い人が着たらかなり際どい線なのですが、グレイヘアのイザベルが着ると、セクシーであり、エレガントであり、実にカッコよかったのです。

そんなイザベルを見ていて、「年取るって、いいな」と心の底から思いました。年を取ると若かった頃の自分に執着したくなるのかと思っていましたが、イザベルは逆にどんどんそぎ落としていく。潔いこと！

「昨日までの自分をキープしようと足掻いていたら、明日からの自分を迎え入れるスペースがなくなってしまいますからね」

若かりし頃を愛しむけど未練はない。似合わなくなったらどんどん捨てる。そしてこれから来る、未知を勇敢に楽しもうとするイザベルの生き方。

ほんと、そういう人に私もなりたいです。

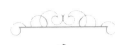

生まれ持った「女性らしさ」を存分に楽しむ

よく「結婚式はパリで挙げたの？」と聞かれますが、そうではなくロンドンで挙式しました。当時私はロンドンで働いていました。フランスでは、結婚式は花嫁の地元で挙げることになっていて、私の場合日本は遠いので、仮の地元であるロンドンで挙式したのです。

そして結婚式といえば、ウエディングドレス。探したのですが、体型に合うものがなく、既製品はあきらめて、クチュリエであるエリザベスに仕立ててもらうことにしました。

初めての打ち合わせの時に、

「胸は貧弱、肩も妙にごつごつしているから、それを補うようなスタイルを。あと、年なので、あまりプリンセスっぽくないシルエットでお願いします」

とお願いすると、ふむふむ、と頷きながら、

「じゃ、何を見せたいの？」

と聞かれました。その質問に、私、返す言葉が見つかりませんでした。当時既に三十後

半で若さは衰え、扁平な身体の私に見せたいところなどありません。

「そんなことないでしょう。**女なら見せたいところがあるものよ**」

とエリザベスは顔の半分を覆うくらい大きな黒縁の丸眼鏡の奥で、目尻に優しい皺を作りながらそう言いました。そして私の周りをゆっくりと一周し、

「あなたは肩がいいわね。骨っぽさがセクシーだわ」

と言うのです。その昔、肩パッド要らずと言われた私のいかり肩。それがセクシー？

「シャツのボタンを開けてくれる？　肩が張っている人って、ほら、やっぱり！　鎖骨が出ていて、きれいなのよ」

私は、この鎖骨が、胸の貧相さを強調していると嫌っていたのに。

「何を言っていますか。太めが多いロンドン娘たちは、この華奢な鎖骨に憧れているんですよ」

と言います。そして、提案されたデザインは、トップス部分は鎖骨がパーンと見える、開いたカシュクール、スカート部分は、カラーの花を逆さにしたようなAラインのドレスでした。

「こんなに胸元が開いていて、品がなく見えませんか？」と聞くと、「グラマーな人だと

確かにそう見えるけれど、胸がないあなたは大丈夫よ」と保証（!?）し、

「見せどころは、そのきれいな鎖骨と、東洋人ならではの、美しい肌よ。シルクジョーゼットを使って、布越しに肩の骨っぽさも感じられるようにしましょう。袖口は、巫女さんふうに広げて……」

というふうに、トントン拍子でデザインが決められました。

ドレスができあがって試着した時のことは今でも鮮明に覚えています。屋根裏のアトリエで、姿見の前に立った自分。エリザベスの言う通りでした。大きなV字形に開いた胸元は、貧相でもなく、下品でもなく、滑らかなクリームのようなシルクのおかげで、肌もきれいに見えました。

「ここに真珠のペンダントがあると、みんなの目がここに来るからいいと思うわよ」

と、エリザベスは鎖骨の下を指して提案しました。

自分の「見せどころ」を理解する

それから十五年経ちました。あれ以来、何かにつけて、「女なら見せたいところがある

ものよ」という、エリザベスの言葉を思い出します。実際、誰かと会うたびに、

「この人は、脚が見せどころなのね。膝も小さめできれいだわ」

「この人の手、白魚のよう。それを知っているから、こういうリングを着けているのね」

「なんて艶っぽいバストラインなんでしょう。シンプルなタートルネックだからこそ、引き立つのね。ニクいわ！」

「お年なのに、腕がきれいですこと！　だから冬でもノースリーブなのね」

と、心の中で、その人の見せどころを確認する癖がついてしまいました。**フレンチマダム達は、ほんとにご自分の見せどころをよくわかってらっしゃる**のです。

私、ですか？　相変わらずバカの一つ覚えのように、ワードローブは、カシュクールとV字ネックの服だらけです。シャツを着る時は、第二ボタンも開けて、しっかりと鎖骨を見せるようにしています。ええ、真珠のペンダントも着けて、です。せっかくエリザベスに見つけてもらった見せどころですからね、しっかり見せなくちゃ。

あなたの見せたいところはどこですか？　遠慮せずに見せて、女性に生まれた自分を楽しんでくださいね。

一瞬で魅惑的になれる香水の魔法

あれは、数年前のこと。ベルサイユの拙宅にてディナーパーティを催しました。私の関心を引くことになったのは、とあるマダムです。グレイヘアのセミロングを肩のあたりで内巻きにし、シャネルスーツで細身を覆ったブルジョア・マダム。指には、シュバリエールを着けていらっしゃるので、貴族層なのでしょう。

私が、空の大皿を持って台所に向かっている時でした。他の来客らと談笑されていた、このマダムの後ろを通ろうとしたところ、彼女が頭を少しのけぞらせるように笑いました。

その瞬間、私はストップモーションになりました。ぶつかりそうになったからではありません。ふわーっと芳しい香りがふんわりカールしたセミロングの髪から匂ってきたのです。強い香りではありませんでした。ただ、あの瞬間、このマダムの体臭と香水がピタッと合わさって、私の頭を占領した、そんなセンセーションがあったのです。

「ごめんなさい！　大丈夫?!」

とマダムが私を覗き込むようにして謝ります。すると、また先ほどの香りがふわーんと広がります。マダムの大きな瞳はサファイアのよう。お年の頃は私と同じくらいかしら。「大丈夫です。ほら」と空のお皿を見せると、マダムはほっとして、「よかった！」とキラッと笑みを浮かべます。表情が豊かで、私もつられて微笑み返します。

「エヴァ。エヴァと呼んで」

と目尻に優しい皺をつくって自己紹介されました。顔をこちらに向けたからでしょう、その時、また、先ほどと同じ香りが。シトラスのスーッとした香りなのですが、実に控えめで、甘くてセンシュアルな匂いです。その時、エヴァが尋ねました。

「あなたの香水、シャネルの5番？」

私も、エヴァの香水を聞きたいと思っていたので驚きました。ええ、と頷くと、

「やっぱり！　私もそうなの」

と、笑みを浮かべました。えっ？　私と同じ香水なの？

エヴァは、元も素敵な人なのでしょうが、あの「匂い立つような美しさ」は、香水の魔法とでもいうのでしょうか。艶やかな香りが彼女の魅力をより一層際立たせたのだ、と私は確信していました。一方の私も同じ香水をつけていましたが、エヴァのような効果は生

んでいないことは、残念ですが自覚していました。

では、どのように使うと力を発するのか。せっかく同じ香水を持っているのなら、私もその魔法にあやかりたいです！

こういう時は、義叔母イザベルに教えを乞います。

「香水は、身だしなみ！　特別な時だけにつけるものではありませんよ」

イザベルは、私の香水に対する姿勢からして違うと指摘されました。実は、香水の匂いが邪魔な時があり、普段はつけないようにしていたのです。

「香りはその人のアイデンティティとなるものです。だったら、よい香りをご自分のＩＤにしたくなくて？」

それはそうです。そうなると**大切なのは、自分に合った香りを見つけること**かしら。

「その通り。好きな香りをかぐとうっとりするもの。そういう自分の気持ちを盛り上げるところから始まるのです」

次に、どこにつけるか。

「香水は服につけるとシミの原因になるので肌に直接つけます。あなたのように、匂いに酔いやすい方は、内腿や腰につけることをおすすめします。顔から遠く、体温が上がりにくい場所ですし、香りは下から上へ昇ってくるので、ゆっくりふわーっと香りが漂ってよございましてよ」

エレガンスを纏う一番簡単な方法

ここでイザベルは一呼吸置くと、いたずらっぽい笑みを浮かべ、続けました。

「着替える時に、最初に身につけるのが香水。シュッシュと吹きかけ、腿を擦り合わせる、腰に手を回し、背骨のあたりに一吹きする。三秒ほどのことですが、**これは女性を魅惑的にするための儀式なのです。この一瞬の陶酔が香水の力の源です**」

ふむふむ、とイザベルのレッスンに耳を傾けながら、香りって、実は一番簡単にエレガンスを纏う方法だ、と気づきました。シュッシュとつける、その二、三秒だけで、数時間は素敵な香りに包まれ、優雅な気持ちで過ごせるのですから、使わない手はありません。

香水を軽んじていた自分に反省し、気分はマリリン・モンローで「匂い立つ女」を目指しています。

フランス女性が所帯じみないワケ

日本とフランスの違いを感じることは折に触れあります。先日は、水着に関して、「うわぁ、違うわねえ」と思うことがありました。

ちょうど、七月を日本で過ごしてきたところでした。日本に滞在中、子ども達をプールや海に連れて行くというのに、水着を忘れた私。別におしゃれな水着を求めていたわけではなかったので、近くのスーパーに行きミセスの水着コーナーを見てみました。でも、デザインがちょっと……。

ラッシュガードとか、長袖のものとか、ジョギングパンツ風などが陳列されていて首を傾げてしまいました。私の中で水着というのはワンピースかセパレーツのものだったのに。これなら手持ちのスポーツウエアで代用できそう、と、買わずに帰ってきました。

それで、ベルサイユに戻って、買い物した折りに、スーパーの水着売り場を見たのです。こちらの水着はビキニがあって、ワンピースがあって、という私が知っているデザインでした。スーパーマーケットブランドなので、万人受けするデザインが多いのですが、それでも胸が強調されるものや、背中がグッと開いたデザインもありました。

思わず、この違いは何なのだろう、と考えさせられ、日本の旧友らにも聞いたのですが、「それはそういうものでしょ。日本で三十過ぎてビキニは着ないよ」という答えでした。

もう一つ気づいた日本とフランスの違い。それはヘアスタイルです。

日本に帰省するたび、同世代の旧友達が集まってくれます。少し前まではロングヘアも何人かいたのですが、四十代中頃にいなくなり、今はみんなショートかボブカットです。

かく言う私もその一人でした。ロングヘアが好きでしたが、年とともに髪のコシがなくなり、顔との釣り合いなどが取れなくなったので仕方なく切ったのです。

日本に帰ると美容院に行くのですが、「こうすると手入れが楽ですよ」「家事をされるときに束ねられるような長さにしました」など、実用的なところに配慮していただいて、嬉しいような寂しいような。昔はさらさらの長い髪が自慢だったんだけどな、年を取ったから仕方ないね、と受け容れていました。

一方フランスでは、年齢が上がってもセミロングやロングヘアの人が少なからずいます。

長年の友人であるマリアンヌもそんな一人です。ふわふわの栗毛色の天然巻き毛が、少女漫画のような丸い瞳の童顔によく似合っています。

いつだったか、マリアンヌとお喋りしている中で、「やっぱりいいわね、ロングヘア」という話に流れていきました。

伸ばせばいいじゃない、と言うマリアンヌに、もう似合わないから無理だと言うと、

「似合うようにすればいいだけじゃない？」

とこともなげに答えるのです。聞けば、マリアンヌも、髪の量が減り、白髪も出てきたので、パーマ・髪染め・トリートメントなど色々と手を加えているとのこと。正直、私はそこまでする気力がありませんでした。すると、マリアンヌは、

「あらぁ、そんなこと言っていると、老け込むわよ」

と、ドキッとすることを言うではないですか。

本当の老いは「言い訳」から始まる

「好きでもないのに、年だからという理由で短くするなんて、もう魂が年取っている証拠

よ。好きなら、それができるように何とか工夫するべきよ」

きつい言葉でしたが、背筋が伸びる思いでした。「年だから」は、「日本人だから」「時間がないから」「家庭があるから」など、いくらでも置き換えられそうです。

この点、フランス人は「〜だから」という理由付けで何かを諦めたりはしません。そう簡単に、障壁を受け入れないのです。良くも悪くも、好きなようにする国民性と言えます。

この**「魂」の若さが、フレンチマダムたちが所帯じみない理由**なのでしょう。

考えてみると、フランスの美容院で、「手入れが楽」「家事が云々」などという視点でヘアスタイルをすすめられたことはありません。「こうしたらセクシーですよ」と、とんでもないブローセットをされたことはありますが！

このマリアンヌとのやり取りのあと、少し考えて、髪を伸ばすことにしました。五十代の私に似合うロングを模索しようと決めたのです。

水着も久しぶりにビキニ（大人しめのものですが）を新調しました。年を取ることは否定しませんが、所帯じみるのはノン・メルシー、ですからね。

まだまだ現役「女」で行きたいと思います！

第5章

社交界に通用する「美しい考え方」とは

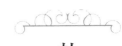

社交はその人の一面を知ればそれでいい

社交のハイ・シーズンは、夏のバカンスが終わる九月から十一月いっぱいです。九月のフランスは晴天率が高く、結婚ラッシュとなります。九月中は土曜日全てが結婚パーティで埋まっている年もありました。

十月は、マダム達の華やかな帽子で有名なロンシャン競馬場で凱旋門賞があったり、メンバー制の紳士クラブでも講演会やパーティがたくさん催される時期です。

そして十一月。翌月のノエルの前に、ディナーのお招きに与《あずか》ることが多くなります。招かれたら招き返すのが礼儀。社交家を指すソーシャル・バタフライという言葉がありますが、まさに蝶々のように、あちらに顔を出し、こちらで愛敬を振りまくのです。

結婚してしばらくし、このような社交にも慣れてくると、私の中で疑問がふつふつと湧いてきました。「こんなことをしていて意味はあるのだろうか」、と。

社交を通して顔見知りは増えましたが、友達と呼ぶには希薄な関係です。**社交の場では、**

踏み込んだことは聞かないという暗黙のルールがあります。私は、元来、自分に関しても開けっ広げですし、相手のことをもっと知りたいという気持ちが強いので、そんな表面的な社交トークに意味はあるのかと考えてしまったのです。

「Comment allez-vous?（ご機嫌いかがですか）」と聞くと、必ずといってよいほど「Ça va bien, merci（ええ、元気ですわ）」と返ってくる。たとえ、その実は大病を患っていても、家族に危篤の人がいても、会社が倒産しそうであっても、です。どんな時でも、涼しい笑顔で「サバビアン」と答える、これが貴族階級の流儀なのです。

私はこれが苦手でした。東京の下町で、「まあね、でも大変よ」や、「おかげさまで何とかやってますよ」という挨拶に慣れているせいか、作り笑顔で「サバビアン」とやられると、その人の周りに城壁が建てられ、アクセスを拒否されたような気がしたものです。

そんな頃、誰かの結婚パーティにて義叔母イザベルに会いました。

イザベルは、開口一番に、

「あら、退屈そうね」

と指摘しました。私もちょうどあちこちで社交トークをして、疲れていたところだったのです。それで、勢いで正直に思うところを吐露してしまいました。でもイザベルは、まじめに取り合わず。

「私は、パーティで会った人の人生を知りたくないけれど」

とからかいます。人生だなんて。もう少し心を開いて話したいだけなのですが。

「そんなのつまらないじゃない。お互いを探り合うところに、社交の醍醐味はあるのよ」

という深いお言葉が。私が興味津々に乗り出すと、イザベルは苦笑して、

「あなたのその熱量がバリアを作っているのかもしれませんね。少し引いてみたら？」

と残し、お知り合いのところへ去って行ったのです。

人間関係は引いてこそ見えるものもある

あの時は、頭の中がクエスチョンマークでいっぱいになったのですが、今はイザベルの言いたかったことがわかる気がします。それは年月を経て、人に対する理解が深まってきたからかもしれません。

私も年を重ね、酸いも甘いも経験しました。自分がそうであるように、語らずとも他の

方も同じなんだろうな、と想像できるようになったのです。いつも笑顔で「勝ち組」風の人も、順風満帆なはずはなく、色々あって、ここに至っているに違いありません。

そんな理解が生まれるにつれ、私のアプローチも変わっていきました。

「あなたも色々あってここまで来られたのでしょうね、お会いできて光栄です」

言葉にすると大袈裟ですが、そんな気持ちでボンジュールするようになりました。

そして、イザベルが言うように、「少し引いて」いるからでしょうか、前は見えなかったことが見えるようになりました。「サバビアンと言っているけれど、瞳に影があるわ」とか、「押し返すような強気の笑顔だけど、何か脅威を感じているから？」などと、そこからもう一歩踏み込んで相手のことを考える習慣も身につきました。

ここでは社交界を例に挙げましたが、どのコミュニティにも人間関係があり、そこで適切とされる「熱量」があるのだと思います。若い頃は、そんな空気を読まず、自分の熱量をぶつけても許されたかもしれませんが、大人となった今は不躾に映るだけ。

大人の女性としては、熱量をコントロールしながら付き合う、それがエレガンス。そして、言葉の向こう側にあるお相手の心の機微を察知できるようにしたいものです。

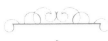

貴族階級の〝サヴォア・フェール〟のある会話

皆さんは、会話に自信がありますか？　ＰＴＡや習い事、もしくは職場の親睦会などの集いでスムーズに会話を紡ぐことができますか？

唐突に問われても戸惑いますよね。

実は、最近、会話というものの奥行きの深さに気づいたのです。〝サヴォア・フェール〟があるのとないのとだと、会話の奥行きが随分異なってしまうんだな、という。サヴォア・フェールは、ニュアンスを正しく翻訳することが難しいフランス語なのですが、人生を豊かにするためのちょっとしたタクティクス、とでも言いましょうか。

その一例として、貴族階級の会話術についてお話ししたいと思います。

フランス暮らしも長くなり、気づくと私もいくつかの友達の輪に属していました。子どもの学校の輪、仕事で知り合った方達の輪、パリ時代の輪、近所付き合いの輪、田舎での知り合いの輪、そして貴族階級の輪などなど。

女三人集まればかしましいと言いますが、フランス人女性も三人以上集まると、喋る喋る！　カフェであろうと、パーであろうと、声の大きさなど気にしません。

誰かが自分の考えについて話し出すと、みんな、うん、うんと聞く。そして、ほとんど重なるタイミングで、別の誰かが「私はこんなことがあった」と、自分のことや考えを語る。こんな流れで会話が続きます。どのサークルにもよく喋る人がいて、そういう人の独壇場と化することも多々あります。

日本語だとべらべら口が開く私ですが、フランス語だとそうもいかず。でも、ずっと黙っているのも何なので、時折、発言をします。すると「話し下手なこの人が何か言おうとしているんだから、聞いてあげよう」という思いやりは感じます。ですが、やがて誰かが、私の言葉に重なるように流れを引き取っていきます。

なので、話の終わりの方に言いたいことを持っていく日本的な話法から抜け出せない私の場合、肝心なところを話せずに終わって、尻切れトンボになるので、ストレスを感じる時もあります。

それでも、みんな気さくで面白く、いつも大笑いさせてもらっていて文句はありません。

貴族階級では当たり前の会話のマナー

一方、貴族階級の集まりだと会話の運び方が異なります。いえ、かしましさという点では、他のサークルと変わりないのです。ただ何かが違うのです。

貴族階級の輪の場合は、集まる場所も、カフェではなく、どなたかのお宅のサロンとなります。そうなると会話のモデレーターも、必然的にその家の女主人に。例えば、先日の、ナタリーのお宅でのお茶会は、こんな感じでした。

ナタリーがお茶を注ぎながら、

「バカンスはどちらか行かれたの？」

と、側にいたマリーに会話を振ります。すると、マリーは「メルシー」とティーカップを受け取りながら、

「ええ、ブルターニュのラボウルへ行きました。母方の実家がそこですの」

と答える。すると、マリーの向かいにいたクレールという別のマダムが

「あら、私、ラボウルで幼少を過ごしたのよ。お母様のご実家はどのあたり？」

と加わります。マリーは、お母様の実家がラボウルの浜辺近くにあると答え、お母様やお祖母様とラボウルの関わりなどの話を少ししたところで、

「クレール、あなたはラボウルのどのあたりなの？」

と質問を返すことを忘れません。

このあたりから会話に枝葉が生まれて、ラボウルではなく、別の避暑地の話になり、最後にどうしてそうなったのかわかりませんが、地球温暖化の脅威、というトピックで盛り上がりましたっけ。

みなさん、適宜質問したり、会話に上手く入っていない人に話を振ったりするので、誰か一人が延々と自分の話をする、ということがありません。

堅苦しそう？　うーん、正直に言えばそう感じる時もあります。

でも、**この会話法だと、普段は大人しいがために口を開くチャンスがない人の、実は、確固とした考えを聞けることがあったり、話を引き出すのが上手い人がいると、思いがけない人から思いがけなく面白いエピソードが聞けたりする**のです。

私も、誰かから、「こういう事例は日本でもあるの？」と質問を受けると、「ああ、この人達は日本に、そして私に興味を持ってくれているんだな」と嬉しく感じますし、自分の

考えが話しやすくなります。

これは私に限ったことではなく、質問に対して答える、という形式だと、考えをまとめやすいのでしょう、会話のピンポンが弾むのです。また相手の考えを知ることで、その人の人となりもよくわかりますし、結果、有意義な会話になるのです。

少しの気遣いで実り豊かな時間になる

これは貴族階級の人達の方が面白いと言っているのとは違うのですよ。一対一でお付き合いする分には、階級など関係なく、どの友人も興味深い経験・考えを持っているし、リスペクトしてお付き合いしています。ただ、数人となった時の、みんなで一期一会を豊かに作り上げていくタクティクスが、貴族階級グループの方が一枚上かな、と感じるのです。

私も、こうして物を書くようになってわかってきたことなのですが、言いたいことがあって、それをバーンと書き殴った文章は、実は思うところがあまり伝わっていないのです。それよりも、ある事象に絡めて、自分の考えをさりげなく述べる、実はそういう文章の方が、私の真意が読者により伝わるんだな、という。

だから、グループでワイワイ、という時でも、**「私は」と、自分の話ばかりするのではなく、「あなたはどう思うの?」と、相手の意見を聞きながら会話を組み立てる方が、結果的にお互いの意見のピンポンがしやすく、実りも多い**に違いないと思うのです。

それが見えてきた今は、話上手になるよりも、もっと聞き上手、そして質問上手になりたいな、と願っています。

「品格」は内側に宿る

昨冬のことです。サンジェルマン・デ・プレ教会近くの裏道を歩いている時、大女優、シャルロット・ランプリングを見かけました。

実は最初は彼女だとは気づかずにいました。コートを巻き付けたスラーッとした姿が素敵で、「どんな顔の人なんだろう」と好奇心が湧き、こっそり覗いてみたら、あの大女優さんだった、という次第です。

サングラスもかけず、七十相応の顔を隠さずに、一人のパリジェンヌとして街並に溶けこんでいた大女優。ゆったりと歩くその姿が今も脳裏によみがえります。エレガントで謙虚で、なのに威厳があって。あの時、あれが品格っていうものよね、と思ったものです。

とはいうものの、〝品格〟って、何でしょうね。私は、貴族と身近に暮らしているのだから品格について何か知っているとも推され、よく聞かれるのですが、実は、品格はよい家柄に生まれたら自然と身につくものではありません。残念な貴族層、結構多いのです。

でも、それを逆側から見ると、私のような普通の出自の人間でも品格を持てるかもしれないってこと？　そのことに気づいてから、私のチャレンジが始まったのです。

「品格」を身につけるレッスン

やり始めてから結果がついてきていると実感している、トライアル中の手法を紹介したいと思います。

まず、あなたが、「品格がある！」と思う、ロールモデルを探してください。身近な方でも、セレブでもいいですし、歴史上の人物でも、小説の中の架空の人でも結構です。

次に、その方を研究してください。身近な方なら、会いに行って色々な話を聞いてください。でも質問攻めにするのではなく、その方の話に耳を傾けたり、行動を見たり、人となりを感受するのです。そして真似できることがあれば、小さなことでも真似をします。

ロールモデルがセレブなら、その人のＳＮＳやブログを見る、本を出しているなら、それも読む。その人が好きだという小説を読み映画も観る。音楽も聴く。そこまでしっかり研究するのです。

ビジュアルだけで全てを知った気になっていてはダメ。**品格は内側から滲み出るもの。内側を真似する、これがキー**だと思うのです。

私も、シャルロット・ランプリングを徹底的に調べました。果敢な半生を歩まれたようです。だからこそ謙虚になられ、それが品格として表れているのでしょう。あの日の佇まいを思い出すたび、私も果敢に、謙虚に生きなくちゃ、と背筋が伸びます。

もう一人のロールモデルは義母です。目下真似を試みているのは、彼女の「何も言わずに心を遣う」という思いやり。それが、彼女の品格を生んでいるのではないかとにらんでいるのです。

私に関する例を挙げると、社交の場で気を害することを言われたことが幾度かあります。でも、場を壊したくないので顔に出さず、夫にも何もシグナルを送らずにいました。それなのに、義母は気づくのです。そして、素知らぬ顔で私の側に来て、さりげなく、その会話から私を解き放ってくれます。後日も、この不快な出来事に触れたりしません。

別の例を挙げると、ある夜、ご子息を交通事故でなくされた方がディナーにいらっしゃることになりました。すると、義母は普段は家の前に停めっぱなしにしている車やバイクを、この日はガレージに入れ、扉を閉めるよう命じました。そして、私達に、来客中は車関係の話題を控えるよう、また、先方からご子息の話をされない限り、お悔やみの言葉もかけるな、と訓ぜられました。

「あの方達のことだから、人前では気丈に振る舞いたいはず。あるいは、ひと時だけでも悲しみを忘れたい、と思われて来訪を決められたにちがいありません。わたくし達も、それに寄り添ってあげましょう」という理由です。

ちなみに、その夜のメニューは、温かいスープとラビオリ、季節の果物のグラタンに軽いクランブルを載せたもの。これも、辛い時は食べものも喉を通らないものだから、喉ごしが楽なものを、という心遣いから選ばれた料理です。

テーブルの花も小さめ、柔らかな色合いの優しいブーケでした。

このように、義母は、言葉をかける、という時として仰々しくもある気遣いではなく、何も言わずに心を遣う、そういう思いやりを見せる方なのです。

この思慮深さをどう真似するか。まずは目の前の人に、今より少しでも幸せな気持ちになってもらえるように、自分に何ができるか、という視点を持つことを心がけています。

品格は、小さな努力を積み上げていく辛抱強さに宿るもの。歩みを止めないことが大切なのです。

「自分の弱み」を見せないプライドを持つ

冬になると、インフルエンザが大流行するフランス。メトロやバスで、ゴホゴホする音が聞こえると、私の心の中では、義母の、

「On ne tousse pas（咳はしない）」

という声が聞こえてきます。そうなのです。「咳をするなら腕で覆って」ではなく、「咳をするなら向こうへ行って」でもなく、「咳はしない」、なのです。

初めて聞いた時は、耳を疑いました。当時、長男はまだ五歳にもなっていなかったはず。風邪で少し咳が出ていたのですが、手で口をおさえ、義母の前でもちゃんと咳エチケットができていたのではほっとした矢先のこと。義母が、

「咳はしない。わたくし達のクラスでは、咳はしません」

と厳しい声で息子を諭したのです。いえいえ、人間ですから咳はしますって、と思ったのですが、ふと考えてみると、確かに義母や義父が咳をするのを聞いたことがありません

でした。いや、義理両親だけではありません。夫の咳にも覚えがないことに気づきました。時折、不思議な唸り声を耳にすることがありましたが、この時初めて、あれは咳を呑み込む音だとわかったのでした。

「身体の不調は、人に見せないこと。どうしても咳込むのであれば、自室にいなさい」と義母は言います。私も妊娠中に、お腹を触ったり、椅子を探したりしていたら、周りが気を遣うから、疲れていても大丈夫な顔をするよう、叱責されたことがあります。やたら体面を重視する義母の厳しさに納得いかなかった私でした。

そんなある年、義理両親主催のパーティに参加しました。シャンゼリゼ通りにある、義父が属する格式高いメンバー制クラブにて、数十名を招いてのディナーパーティです。義母は始まる前から、給仕長に指示を出したり、挨拶に回ったり忙しくしていました。それで、お手伝いできることがあるかな、と近寄ったその時です。

「あなた、ちょうどよかったわ」と、さりげなく私の腕にご自分の腕を絡め、「そっと、控え室に連れて行って」と囁くのです。何事かと思いましたが、義母はこういう時に騒がれることを嫌うので、私もポーカーフェイスを装いそっと裏に行きます。

義母は控え室に入ると、ディヴァン（寝椅子）に腰かけられ、そーっとハイヒールを脱ぎました。つま先が黒いことは、黒いストッキングを通してもわかりました。

「実は、出がけに転んでしまいましてね」

かなり痛そうです。ひょっとして骨折？　私が、夫を呼んで助けてもらおう、と考えていると、義母は私の足元をじっと見て、

「あなた、申し訳ないけれど、今夜だけ、靴を交換してくださらない？」

と言うのです。義母と私は足のサイズが同じです。ただ、私の方が幅広で、ヒールも義母の靴よりは低めでした。

「それは構いませんが、もう今夜は歩くのは無理でしょう。みなさんにも事情を話して、椅子におかけになっているしかないのでは」

黒くなっているだけでなく、少し腫れてもいました。

「何を言いますか！　弱々しいところを人様に見せるなど、恥ずかしい。みなさんをお見送りするまでは、この脚で立ちますわ」

と、威厳ある声で宣言されます。こういう時の義母は、何を言っても決意を変えないことは重々知っています。私も協力するしかない、とあきらめました。クラブの救急箱から

テーピングを分けてもらい、つま先をできるだけ固定して、私の靴を履いてもらいました。

その後、ボールルーム（舞踏室）に戻ってからの義母はご立派でした。辛そうな顔は一切見せず、笑顔を絶やさずにパーティを盛り上げ、最後の一人まで、キチッと立ってお見送りされました。義母のピンヒールを履いた私の方がヨロヨロしていましたっけ。

自分を律する「強さ」が凛とした美しさを養う

正直言うと、私は未だに人に弱みを見せることが、必ずしも悪いとは思っていません。でも、あの夜の義母の立ち姿が忘れられずにいます。**プライド、強さ、美意識。あれは究極のエレガンスの姿**だった、と思います。

それで、私も訓練を始めたのです。何を、というと、まずは貴族階級らしく、咳をしない訓練です。それがマスターできたら、他の部分でも、自分を律することを広げていきたい、と考えています。

その先には、きっと本当のエレガンスが待っている、そんな予感がしているのです。

露骨な上昇志向は品位を下げる

先日、いつも穏やかな夫が、珍しく怒っていました。原因は、従兄弟シモンからのメール。珍しくコンタクトしてきたと思って、気をよくして読んでいたら、何のことはない、仕事の仲介を頼むメールだったそうです。

正直なところ、「別にいいじゃない」と私は思いました。ネットワークがものを言う時代です。シモンは従兄弟といっても、私達より若い人ですから、同業界にいる年上の夫を頼ってきたという、それだけのことです。

「頼むのが悪いと言っているのではない。いや、まあ、頼まないに越したことはないのだが……。どうしても人に何かを頼まなくてはならない時は、もっと覚悟を決めて、平身低頭して頼みに来るべきだ」

と夫は言います。

シモンは以前も、夫をいら立たせていました。有力者だと目をつけると、躊躇なくアプローチしたり、自分のバックグラウンドを少し誇張したり、要は上昇志向の人なのです。今の時代よくいるタイプだと思うのですが、夫は、「品位に欠ける」と批判的です。

折しも、私自身、どのようなスタンスがよいのか、少し頭を悩ませていたところでした。世間を見れば、シモンどころではない上昇志向の人が、使えるものは使って、上に行っています。見ていて気持ちよくはありませんが、私も学ぶべきなのかしら、と揺らぐのです。

その夜のこと。食卓にて息子がこんなことを言い出しました。

「人に何かしてもらう時は、代わりに何を差し出しているのか、考えないとマズいよね」

話を聞けば、コンセルバトワール（行政が運営する音楽教室）で「ファウスト」のオペラを観たそうです。それでそんなことを考えたそう。ご存じのように、ファウストは、悪魔に魂を渡す代償に、この世でほしいものを得るという契約を交わした話です。様々な解釈があるようですが、文学好きの夫が、自分の解釈を話します。

その横で、私は、シモンのことを思い出していました。そして、息子が先ほど漏らした、「助けてもらう時は、何を代償に差し出しているのか、よく考えなくてはならない」という言葉を反芻していました。

すると何故か、大学四年の時、父のコネを使って就職のお願いをすべく、ある重鎮さんのところにご挨拶に伺った時の記憶がよみがえってきました。いつも家では威張っていた父が頭を下げている姿は、あの時くらいしか見た覚えがありません。

頼むということは、そういうことなのですね。父は、自分のプライドを差し出して、娘の就職の斡旋を頼んだのです。よほど苦々しかったのでしょう、重鎮さんからは、会社のカレンダーをお土産に頂いたのですが、父は、その筒を一度も開かず、丸められたまま処分しました。

多分、シモンも、あの頃の私のように、お願いすることの重みを考えず、夫に、「紹介して」と言い寄ってきた。だから夫は「浅薄な奴め」とがっかりしているのでしょう。

そう思うと、上昇志向という言葉でくくられる行動についても、考えたくなりました。仕事上の助けを友人や親戚にお願いするのはNG？　損得勘定で人脈づくりに励むのは、実はマナー違反？

おそらく全てがダメ、ということではないのでしょう。助けてもらうことが悪いことだとも思いません。人は一人では生きていけないのですから。

自分を振り返るステップを大切にする

ではどうすれば品位を落とさずに頼み事ができるのか。

まず、**人に頼る前に、本当に自分で解決できないことなのか、足を止めて考える**、そういうステップが大切だと思います。頼み事がエレガントなはずはなく、そういう事態を避けられるのであれば、それに越したことはありませんからね。

もし頼らざるを得ないのであれば、プライドも甘えも捨て、ひたすら謙虚にお願いする、これしかないのではないでしょうか。

そして、**助けてもらったなら、その恩を忘れない**、これも大切なことです。借りっぱなしほど恥ずかしいことはありません。たとえその方にご恩返しをする機会がなくとも慌てずに。どこかの誰かに、同じ優しさを返すことができればよいのかな、と考えています。

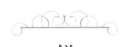

鋭い言葉は心におさめる

どの家族にも、不協和音はあるもの。貴族階級であっても、それは同じです。貴族の家系は、いくつにも分家しているので、分家間で確執あり、嫉妬あり、さらに、それぞれの分家内でもドラマがありますから、不協和音というより狂想曲のよう。

ですが、義母、義父、義叔母、そして夫も義姉も、反りの合わない親戚達と付き合いを続けます。パーティがあれば、にっくきあの人も招き、そして、ムカつくあの人の家に行って、一緒にシャンパーニュを飲み、食卓を囲むのです。私にはそれが不可解でなりませんでした。

もう一つ、不可解なこと、それは歯に物が挟まった言い方しかしないこと。近しい人だけの集まりであっても、彼らは決して本心を口にしないのです。

例えば、夫の従兄弟のシモン。その露骨な上昇志向は、義理家族の間でも呆れられ、シモンだけでなく、彼の両親もオポチュニスト（ご都合主義者）として敬遠されています。

サロンで、家族だけでのんびりお茶を飲んでいる時などに、ふと「そういえば、シモンから連絡が来てね」という話になったとします。すると、誰かが呼応するように、「ああ、シモン！　また？」と、嘆息混じりに言う。そのうち「シモンといえば、」と、別の誰かがシモンのご両親の名を出します。

シモンの両親については、私も色々なエピソードを漏れ聞いてきました。でも、彼らについて糾弾するわけでもなさそうです。「あの方達もね、まあ異色ですけど……」程度です。そんな曖昧なやり取りがあって、しばらくすると、「しょうがないですわねぇ」と締めくくられる、とこんなふうなのです。

結婚したての頃は、こういう場にいると、何のことを話しているのか、さっぱりわかりませんでした。後で、夫にこっそり聞いて、

「ああ、あれはね、みなで愚痴をこぼしていたんだ。気分悪かっただろう、ごめんね」

と解説してもらっていました。「ごめんね」も何も、まどろっこしくて愚痴にもなっていないわ、と呆れたものでした。

うちの実家だったら、もっとはっきりと、「酷いよね」「情けないよね」と加害者に対する怒りを表し、罵ることもはばからないでしょう。「お品がよい方達は、よくわからな

い」と、思ったものです。

それからしばらく経ち、息子達が小学生だった頃のことです。うちの息子達は年子なのでしょっちゅう喧嘩します。この時もくだらない理由からいさかいを始めた二人。「バーカ！」「なんだと、お前なんか消えてしまえばいい！」と、怒りがエスカレートしていきました。

普段、義母は、孫達の喧嘩は放置する方針です。私がたしなめようとしようものなら、「放っておきなさい」と止めるくらい、大人が子どもの世界に介入することを好みません。でも、この時は、義母が立ち上がり、二人の仲裁に入ってくれました。

親しい仲でも言葉選びは慎重に

「どれだけ感情的になっても、きつい言葉を投げつけるのはおやめなさい。そういう言葉は、心の奥まで突き通すから、ずっと傷が残りますよ」

と子ども達に諭されるのです。私は、義母の手を煩わせてしまったことに罪悪感もあり、

「すみません。もう男の子兄弟は言葉が乱暴なんで……」

と言い訳のようなお詫びが口から出てきました。すると、義母は、

「……乱暴だから放っておく？　そんなことをしたら家族であろうと、不仲になりますよ。きつい言葉は一生残りますからね」

と言うのです。

この義母の言葉に、はっとしました。

私自身、三兄姉で育ち、兄や姉と喧嘩したことは数知れずあります。ブス、デブ、バカ、その他殺人課の刑事も驚くだろう血生臭い罵り言葉を投げつけ合っていました。「美紀ちゃんたちはきついわね」と近所のオバさんから言われたこともありますが、周りでは、兄弟喧嘩といえば似たようなものでしたから、気にも留めずにいました。

その後成人し、それぞれ巣立つと、兄妹間で連絡を取り合うことはほとんどなくなりました。不仲ではないけれど、何となく連絡せずに終わっていたのです。近年は密に連絡を取り合うようになりましたが、それまで何十年と年賀状とクリスマスカードのやり取りだけだったのです。

それが義母のお小言を聞いた時に、「そうか、子どもの頃のきつい言葉も、疎遠だった

理由の一つだったのね」と、わかったのです。その証に、私、今でも子ども時代の言葉の応酬を全て覚えているのです。

言霊という言葉がありますが、言葉って恐い、と思いました。

「言葉の刃《やいば》は鋭いですからね。家族だから大丈夫、ということはありません」

私もこの時以来、息子達の喧嘩言葉に注意を払うことにしました。大人になってからも仲良くしてほしいですからね。

「そうですよ。家族は一番大切なユニット。その中で紛争があるとやりきれないですし、外部に弱みを見せることになります。色々あったとしても、そこは乗り越えて、付き合っていくしかありません」

長く続く関係には必ず思いやりがある

この義母の言葉を聞いて、苦手な親戚とも付き合いを続け、真綿に包んだ物言いをする理由がわかったような気がしました。

貴族というものは、こうやって血縁を切らないように言葉に気をつけながら、何世紀に

も渡って家系を存続させてきたのでしょう。小さなことには目をつむり、上手に付き合っていく、これが大人の人付き合いなのですね。

義母の教えは続きます。

「あと、言葉って伝わるのよ。手紙やメールはもちろんのこと、かげ口は必ずといっていいほど、伝わります。お気をつけ遊ばせ」

ドキッとしました。悪気はないのですが、時々好き放題言って毒舌になってしまう私なのです。今ある人間関係が、この先もサステイナブルであってほしいと願っているのなら、言動を改めるべきだな、と肝に銘じました。

とびきりの幸せは特別でない一日のなかに潜む

ウィークデーはパリに住み、フルタイムで働く人のように忙しい義母。そんな中、午前中に時間がある時は、モーニングコーヒーを飲みに、サンジェルマン・デ・プレのご自宅近くにあるカフェに行かれます。教会が見える老舗のカフェが義母のご用達です。

確かに素敵なカフェですが、義母もエレガントなアパルトマンに住んでいらっしゃるのだから、コーヒーなんて、ご自宅で召し上がれば手軽なのに……。

「カフェテラスに腰かけて、エスプレッソの香りをかぎながら、日刊紙『ル・フィガロ』に目を通す。馴染みのギャルソンと言葉を交わす。ソルボンヌへ向かう学生たちの表情から、ああ、テストが近いのね、と、想像して心の中でBonne chance!(がんばってね)と声をかける。そんなたわいない時間を過ごすのが好き。あのカフェには、あの空間にしかない、特別な時間が流れているのです」

と、義母は言います。いつかお供した時は、義母が「いつもの席はあるかしら」と聞くと、カフェのギャルソンが、

「マダムのために、夏はテラス席、冬は窓側のテーブルを『永久予約』しております」

と、窓側席へ私達を案内してくれましたっけ。**街のどこかに自分の居場所があるのって、いいな**、と羨ましくなったものです。

コーヒー・ブレイクの後の義母の動線は日によって異なります。義母は還暦を過ぎたころから第一線は退き、今は様々なボランティア活動をされているのです。

「周りの方々から受けた恩恵を、今必要とされるところへ返すのは当たり前でしょう？」

と、謙虚な姿勢の義母。少し前に、こういった社会貢献が認められフランス国家より受勲したのですが、その時も、義母はいたって控えめでした。今でも、社交の場などで誰かが義母の受勲したことに触れると、「そういう話はよろしいんではなくて？」と、静かに微笑んで話題を止められます。

夕方になると、義母はパニエを持ってお買い物に出られます。義母は、**スーパーではなく、商店街でお買い物するのがお好き**。肉はブシェリーで、パンはブーランジェリーで、フロマージュはフロマージェリーで、逐一、並んで、注文し、支払って品物を受け取って、

パニエに丁寧に詰め、次の店へ向かうのです。

「最近のスーパーは品揃えが良く、一気にお買い物も済んで楽ですよ」、と進言しても、聞く耳を持ちません。

「専門店に並び、他の客とボンジュールと挨拶を交わす、ブシェリーではきれいに捌かれた肉を吟味し、ブーランジェリーではバゲットの焼き加減をチェックする、店主のおすすめを聞いて、注文する。メルシーボクーとともに商品を受け取り、ではまた、と笑って店を出る。道に出れば、子どもがバゲットを抱えて家に急いでいて、ムシューが花屋でブーケを選んでいる。**この一連の、人とのふれ合いや暮らしの情景に何かほっとするのです**」

と義母は言います。

本も同様で、ネットで注文すれば楽だと知っていても、ひいきの本屋に出向きます。

「時間が空くと、パリ中に散らばるお気に入りの本屋めぐりをしますの。本屋で紙とインクの匂いをかぎながら、次はどの本を読もうかしら、と探す午後。至福のひと時です」

このように、街に出る面倒をいとわない義母。

「こんな豊かな時間を過ごせるのに、楽だから、とネットショッピングではしょるだなんて、もったいなくてできませんわ」

と言います。

「雑事」が一日を豊かにする

義母の一日を見ていたら、ふと、子どもの頃に読んだ、『モモ』という本が頭に浮かびました。時間泥棒と少女モモが戦う話です。児童書ですが、忙しい日々を過ごすうちに、肝心な「生きること」を忘れてしまった大人に対しても、「そういう生き方で大丈夫ですか？」と、モモは問いかけます。

私が義母のように忙しくしている身なら、モーニングコーヒーや買い物といった日々の雑事は、できるだけ時短できるようにします。上手に時間をやりくりしているつもりで、実は、「生きること」を忘れてしまっている、まさに、時間泥棒に狙われるタイプです。

その点、義母は、雑事には、おしみなく時間をかけます。**「雑事」と呼んでいる毎日の営みこそ、大切にすべき**、という義母の哲学が見えます。ここに、特別でない日すらも、エレガントに暮らすための秘訣があるような気がしています。

フランス貴族は「楽しむ」ことを怠らない

みなさんは趣味をお持ちですか？

テニス、スキー、スイミング、フライ・フィッシング、ハイキングに山登り、あとゴルフ。インドア系であれば、チェス、ビリヤード、ブリッジ、麻雀、読書、絵画、ピアノにホルンにトランペット。写真、ガーデニングはアウトドア系と呼ぶのかしら……。

これは、夫の趣味のリストです。今は時間がなく、実践している趣味は少しですが、バカンス中に、家族の誰かに誘われれば、即応じられる程度にはたしなんでいます。

ほとんどのものは、幼少の頃から始めたそうです。テニス、スキー、スイミングは、フランスでは、今でも人気の習い事で、ミドルクラスでも、多くの子どもが習得しています。でも、その他のアクティビティーは、やはり貴族階級ならではでしょう。

主に指導してくれたのは、今は亡き祖父だそうです。バカンスのたびに、海や川にて泳ぎと釣りを教え、夜はチェスボードを挟んでルールから教えてくれたそうです。

写真を見ると、まだ四、五歳の夫がお祖父様の隣で釣り竿を握っていたり、スキー板を履いていたり。

音楽や絵画はコンセルバトワールにて学んだそう。

ブリッジ、ビリヤードなどは、「ラリー」で学んだそうです。ラリーとは、今ふうに説明すると、貴族階級のママ友グループが作った子どもサークルです。子ども達を遊ばせながら、教養も身につけられるようプログラムが組まれていて、例えば社交ダンスなどもここで習得するのです。

読書に関しては、義母が色々と紹介してくれたそうです。十代の前半に、ドストエフスキーもプルーストも読破したとか。

このように、夫の多趣味は、義祖父を筆頭に、周りの大人の協力なくしてありえなかったというわけです。それだけ、**貴族階級では趣味に重きを置いている**ということでしょう。

私はというと、本当に無趣味でここまできました。時間があるなら寝ていたい、というタイプ。運動も苦手ですし、ピアノも、練習が面倒でバイエルを途中で投げ出しました。それで困ることなどなかったので、気にもかけていませんでした。

でも、フランスというバカンス大国で、時間を贅沢に使う機会があると、無趣味な自分は何て味気ない人間なんだろう、と残念な気持ちになります。

夫だけでなく、周りの貴族達は、本当にご自分の趣味を楽しまれているのですよ。

例えば義母。ポタジェ（菜園）で働いていたかと思うと、スケッチブックを取りだし、ササッと絵を描き始めます。小さなパレットも携帯されていて、色をつけてできあがり。

「トマトの輝きがあまりに美しかったので」

と、その瞬間を絵という形で描き留められるのです。

義叔母イザベルはゴルフが趣味です。紅葉が美しい季節になると、誰かを誘って近くのゴルフ場に行きます。時には一人で行かれることも。私も何度かキャディとしてお供したことがあります。ティーからボールを放つ時の、あのスコーンとした音。あんなふうに打てたら、さぞかし気持ちいいだろうな、と羨ましくなります。

義姉のアンはピアノがお好きです。時折、一心不乱に弾きまくる時があります。邪魔しては悪いので、庭の、サロンの窓の近くのベンチにかけて聴いていますが、それだけでも音の洪水にうっとりします。

「弾いていると、何かが満ちてくるの」

というアンの気持ち、私は想像することしかできません。

人生を「楽しむ」ことに全力を注ぐ

今まで、勉強勉強、その後は仕事仕事、そして今は家事育児、といつも走り回っていましたが、貴族階級の方達の余暇の過ごし方を見ていると、「私、人生を勘違いしていた？」と不穏な気持ちになります。

いや、一生懸命にやってきたことを否定するのではないのです。ただ、**人生を楽しむことに、思いきり力を注いだことがあったのか**、と自問してしまうのです。

お酒を飲んで、ゲームやテレビシリーズを楽しむのもいいのですが、そういう娯楽はどうしても発散している要素が強いように感じます。

「発散」ではなく、疲れを「癒やす」でもなく、真に「楽しむ」。**そういう手段を私は持っているのだろうか**、と考えると、答えは、ノン……。しょんぼりしてしまうのです。

そう考えると、悔しいけれど、フランス貴族階級は、人生の達人と呼ばざるを得ません。

奮起したわたくし、今は息子達の趣味づくりに付き合う形で、ピアノを再開し、社交ダンスを一緒に学習中です。息子達の方が覚えが早くて……。頑張ります！

第6章

どこにいても
エレガントに生きられる

アイロンがけで背筋まで伸ばす

フランスのことは日本にいる方の方が詳しい、というのが、フランス在住邦人の共通の認識です。でも、フランスでは下着にまでアイロンをかけるという、きっちりした一面があることはまだ知られていないのではないでしょうか。

フランス人のアイロン好きは、洗濯物を日なた干ししないので、アイロンで消毒する意味があるとか、アイロンをかけるのは家政婦のことが多いから、そこまで丁寧にできる、という事情も関係しています。が、それを差し引いても、フランス人がアイロンがけしたパリッとした布の感触が好きであるということは、動かぬ事実なのです。

例えば、日本では遠い昔から普及している防シワ加工。フランスでは、未だにコットン百パーセントの、加工が施されていないものが主流です。

以前、夫に防シワ加工のシャツをすすめましたが、

「何かが違う。着ていて気持ちがよくない」

と却下されました。夫もやはり、あのパリッとした木綿の感触が好きなのでしょう。

アイロンがけについては、その昔、義母にちくりと釘を刺されたことがあります。息子達もまだ幼かった頃のことです。

子ども服は小さくてアイロンがかけづらいもの。そもそも、うちはアイロン不要の服を着せていました。トップスはほとんどがジャージー素材のTシャツやポロシャツ、ボトムスもソフト・デニムのズボン。清潔が一番ですから、日に一度か二度は着替えさせ、ザブザブ洗って干し、適当に畳んで引出に押し込める、というのが日課でした。

バカンスの時、私がいつものように子どもの服を取り込み、畳んでいると、義母が一言。

「アイロンはかけないのですか?」

と尋ねてきました。ええ、それが何か?

「……(ため息)。だからなのね、何かだらしないと思っていましたの。あなた、**アイロンは必ずかけなさい。そんなしわくちゃで襟元の伸びた服を着ていたら、彼らの精神もだらしなくなりますわよ**」

という厳しいお言葉を頂戴したのです。

ふと外を見ると、ロングTシャツ姿のわが息子達が、きちんとアイロンがかかったボタンダウンのシャツを着る従兄弟達と庭で遊んでいます。

従兄弟達はお坊ちゃま然としているのに、わが子達はストリートキッズふうです。髪の毛もぐしゃぐしゃで、野性的というか、なんというか。言われてみれば、日頃の生活態度も、寝ぼすけで、散らかしっぱなしと、確かに精神までだらけている感あり、でした。

でも、だからといってすぐに態度を改めて、面倒なアイロンがけを実行するほど、できた嫁ではありません。義母と一緒に過ごす時はアイロンを心がける、という日和見的な対応をしていました。バカンスの時だけパリっとアイロンがかかった下着やTシャツを面白がっていた息子達の顔が今でも思い出されます。

小さなルーティーンに美しく暮らす鍵がある

それから数年経ち、今や夕方のアイロンがけは私の日課となりました。バカンス中だけが、週末も、となりいつの間にか、ほとんど毎日のこととなったのです。

アイロン台に、まだ湿り気が残ったシャツを広げ、襟、前身頃、後ろ身頃、肩、そでと順を追ってアイロンを当てます。このひと時の気持ちよさといったら！　まるで、朝からノンストップで洗濯、料理、掃除、書きものを同時進行し、ごちゃごちゃになった頭の中を一つひとつほどいて伸ばしているかのような、何とも言えない心地よさがあります。

今では義母の真似をして、タオルやトーション（皿拭き布巾）にもアイロンを当てます。それらを畳んでそれぞれの場所に収納すると、気持ちがすっきりし、「次はあれしよう」と、何かエンジンがかかるのです。

そして思うのです。あの時、義母はこのことを伝えたかったのではないか、と。

「**どんな小さな作業も面倒がらず、一つひとつ心を込めて丁寧にこなしていくと、ぱりっとした木綿のシャツのような、清潔で爽やかな心を保てる**ものですよ」

美しく暮らすための秘訣は、日々のこういう小さなルーティンに隠れていることを知った今、次は、苦手な拭き掃除も好きになれるよう、雑巾縫いから始めているところです。

（はい、道具から入る性格なんです……）

日焼けは生活の証

ひと昔前は、「地中海マダム」という言葉がよく聞かれたものです。バカンスでリゾートに滞在し、小麦色に日焼けする、そういうゆとりあるヨーロッパのブルジョア階級のマダム達をそう呼んだのです。あの言葉には、優雅さに対する憧れと、そんなに日焼けしたらシミやシワができるのに、と揶揄する気持ちが混ざっていたかと思います。

かく言う私も、そう思っている一人でした。義姉のアンは、瞳の色が薄く、小麦色に日焼けすると、そのコントラストが印象的で、一瞬見とれてしまうほどの美しさ。でも同時に、私の中の女の目は、小麦色の下にうっすら浮かび上がるシミやシワを見逃していませんでした。それで「オララ、アンったら、いいのかしら」と要らぬ心配をしていたという。

そう、**シミやシワは、フレンチマダムには「要らぬ心配」なのです。**

以前、アンと、こんな会話を交わしたことがあります。

バカンス明けの九月、二人で秋服を探しに街に出た時のことです。広告塔に「新発売、美白クリーム」と書かれたポスターが目についたので、

「フランスでも美白なんて言うようになったのね」

と考えなしに口にしました。すると、アンは、フンと鼻で笑い、

「今は肌まで『直す』のね。アメリカの影響で、みんなが歯の矯正をするようになって、次のトレンドは、アンチ・エイジング。そして今度は夏の日焼けまで取り除くつもり？生まれ持ったDNAも、今までの生活の軌跡も消えたお人形顔。そんなの私は結構よ」

と、きっぱり。

アンは矯正について言及しましたが、実は彼女、この世代、この階層のフランス人にしては珍しく、前歯が重なり気味なのです。聞いたところでは、当時の歯の矯正技術では健康な歯を抜くしかなく、義母がそれなら結構と、治療をやめてしまったという話でした。

その後、医学が進歩し、抜歯せずに矯正できるようになりました。アンも、「前歯を治したら？」と歯科医にすすめられたそうですが、断ったそうです。

「もうこの顔でずっと生きてきたのよ。ウサギのアン、と呼ばれてね。その前歯を変えたら、まるで今までを消してしまうような気がしたのよ」

このアンの考え方は、多くのフランス人女性を代弁したものだといってよいでしょう。すきっ歯がトレードマークのジェーン・バーキンをはじめ、現代の人気フランス人女優たちを見ると、どの顔も、その人の生き様を感じさせるシワやたるみがあります。日本の有名人のような発光せんばかりの、張りのある真っ白い肌を売りにしている人は少ないのです。**自分の顔、身体には、自分の歩みが刻まれている。それでも美しい、いや、それが美しい。**フランス人は、そういう価値観を持っているのです。

さて、アンとのウィンドーショッピングの続きです。ふと入ったブティックで、アンは、カーキ色のワンピースを身体に当てていました。

「よく似合うわよ。私もカーキ色は大好き」と言うと、「あなたも着てみたら？」とアンは、ワンピースを私に当てました。でも、私は、

「ううん、その色は小麦色の肌だからよく映えるんだと思う。日本では、江戸時代から『色の白いは七難隠す』と言われていてね、だから日焼けは避けているの」

と遠慮しました。すると、アンはカラカラと笑い、

「そんな昔の美意識に縛られているの？」

このアンの言葉に、私、目からうろこが落ちました。ホント！　江戸時代とは、着る服も、生き方も、価値観も変わっただろうに、まだ色白崇拝しているなんて。私もおかしくなって一緒に笑っちゃいました。

自分が備えている自然体の美しさに気づいてあげる

そのあたりから私の意識も変わってきたのだと思います。

今は自然体で日焼けも受け容れています。現金なもので、多少日焼けした方が健康的に見えて悪くない、と思えるようになりました。最近ではグレイヘアを見せることへの抵抗もなくなりました。以前は、白髪は年寄り臭いと踏み切れなかったのですが、今は、グレイヘアでも私は私、と思えるようになったということでしょう。

白髪もあり、日焼けして、シミやシワもあるけれど、それが今の私。開き直り？　確かにそう言えるかも。でも清々しい気分ではあります。

みなさんも、フレンチマダムになりきって、この夏は太陽を楽しんでみませんか。違う自分を発見できるかもしれませんよ。

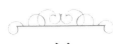

優美な一人時間で忙しくてもエレガントに

毎夏のバカンス、子ども達は一ヶ月ほど義理両親のシャトーで過ごすことになります。学校の夏休みは二ヶ月以上ありますが、大人は仕事があるので、一緒に休むわけにはいかず、よって、義理両親に面倒を見て頂いているのです。

他の孫や家族も集合するので、多いときは、十名以上がシャトーに滞在している時もあります。私も義母を手伝うべく、一、二週間は滞在しますがあまり役には立っていません。

というのも、義母は女主人としての責任感が強く、何でもご自分で見届けないと気が済まない人。孫たちの様子を見に行き、その足で家政婦の仕事ぶりをチェックし、ついでに食事の献立を決め、と、朝から夕方までノンストップです。

そんなスーパー義母なのですが、私が何よりも感心するのは、そんなに働いていても、エレガンスを失わないところ。ネイルもペディキュアもきれいに塗られ、御髪もふんわりとブラッシングされ、香水も纏って、という優雅さ。

フランスでは、夏は素足というのが基本ですので、義母も素足にエスパドリーユということが多いのですが、おみ足も手入れが行き届いていて、小麦色に輝いています。私の方が二十歳以上若いというのに、カサついていて恥ずかしいばかり。

その手入れのされ方もエレガント極まりなく。毎日、夕陽が傾き、涼風が吹き始める頃になると、義母は二階から降りてきます。いつの間にか、自室に戻られシャワーを浴びていらっしゃったようで、夕方の装いに着替え、髪もふんわりと結い上げられ、顔つきも先ほどとは少し異なるようです。

降りてこられると、バー・テーブルにて、ラム酒を少しだけ垂らしたライム・カクテルを作り、庭のデッキチェアに身体を委ねられます。フランスの夏は日が長く、黄昏時から日没まで、時間がゆっくりと感じられるひと時です。そんな名残り陽の中、ネイルの手入れをされたり、手足にアロマオイルを塗ってマッサージしたり、時には読書をされたり、目を閉じて休まれたり、実に優雅に過ごされるのです。

その姿を遠目に眺めているうちに、段々わかってきたことがあります。

実は、マニキュアを塗ったところでポタジェの手入れや洗い物で剝げてしまうのに、なぜ必要なのだろう、と疑問に思っていました。でも、義母にとっては、ネイルがきれいであることだけでなく、ネイルを手入れする、その時間が大切なのです。

朝から孫達にはお祖母様の顔で、家族・親戚には、女主人の顔で働いています。ディナーになったら、またその顔に戻ります。けれど、それまでの「このひと時は、わたくしの時間です」という無言の主張を、ゆったりタイムを過ごす義母の姿から感じるのです。ほろ酔い気分で、湯上がりの肌をゆっくりマッサージしたり、小さなブラシで、爪の根元から先端に向けて、一はけ、二はけ、とネイルを塗る。その一つひとつのプロセスを楽しんでいらっしゃるのでしょう。

この束の間の時間は、言い換えれば、「自分を慈しむ」ひと時なのだと思うのです。

毎日の〝ご自愛タイム〟で、心のゆとりを守りましょう

この「**ご自愛タイム**」**があるから、義母はいつもエレガンスを保てる**のではないか、と私はにらんでいます。

子どもも家族も大切だけど、一日中彼らのために働いてあげるだけでは、自分を失って

しまいそうになる。**人に愛をそそぎ続けるためには、自分への愛もたっぷりないと干からびてしまいます**からね。エネルギー切れする前に休憩を取り、静かで美しい日の名残りの中で、一人の女性としての自分を取り戻し、甘やかし、愛を充電する。この時間が大切なのだと思います。

このことが見えてからは、私も、私なりに忙しい毎日ですが、「自分のための一人時間」を確保するぞ、と決めました。

今実行中なのは、夕方のお風呂タイムです。仕事が終わり、夜ご飯の準備をする前の小一時間。家族がお腹を空かせて帰ってくる頃ではあるのですが、押せ押せとなることは承知の上で、マイタイムを死守しています。これが一日の終わりだと、楽しむ力も尽き、ベッドにバタンキューですもの。

熱い湯に身体を浸し、何も考えずに素に戻る時間。静かで誰にも邪魔されないひと時。それだけのことですが、「自分のため」と意識すると、何とも贅沢な気分になります。「自分を慈しむ時間」を大切にして、家族や人のことも大切にする。そうして、どんな時もエレガンスを纏える私で在りたいな、と思っています。

年中行事で日々を色づける

昨今の異常気象には困りますね。フランスもご多分に漏れず、酷暑、暖冬、冷夏、激寒、大雨、干ばつ、と何でもあり。

そんな中で、本来の季節を思い出させてくれる年中行事の存在はありがたいもの。フランスにも、四季折々の行事があります。

義母は、それを華やかにお祝いするのが大好きです。

例えば、二月の中頃には、マルディ・グラという、仮装して楽しむお祭りがあります。長い冬のちょうど真ん中あたりに来ることもあり、景気づけの意味もあるのでしょう、義母はこのマルディ・グラを盛大に祝います。

義母のパーティには毎年テーマがあります。例えば、ある年は「ヴェニス」。紳士・淑女らが、棒の付いたヴェニス風仮面を片手に、もう片手にはベリーニ（イタリアの発泡酒ベースのカクテル）を持って、談笑したり、ダンスしたりと、とても愉快な夕べでした。義母はこういうスタイリッシュな宴を演出するのがとっても上手なのです。

春といえば復活祭です。この日、義母をはじめ、みんなは大忙しです。子ども達のために、シャトーの庭園に卵の形をしたチョコレートを隠したり、料理したり。

午餐会のメニューは、大きなジゴー（ラムの腿肉）、そしてラットと呼ばれる新じゃがと決まっています。ロゼ色に焼き上がったジゴーに、脂が落ちた肉汁をかけ、ゲランド産の海塩をパラリ。ほっぺたが落ちそうな美味しさです。

食後、子ども達は庭園でエッグハンティングをします。チョコレート・エッグを見つけるたびに歓喜の声を上げて走り回る姿を見ると、「ああ、今年もみんな元気に春を迎えることができた」と喜びが湧いてきます。

こんなふうに書くと、「フランスは楽しそうね」と思われるでしょう。でも、実際にはその反対だと、私は考えています。フランスでの暮らしは厳しいです。日本も厳しいですが、ストレスの質が違うのです。

まず、冬が長いのには参ります。暦上は春でも、四月いっぱいはコートをしまうな、と言われるほど、気温が低い日があります。日照時間も、秋分の日からグングン短くなり、三月までは、日中も薄日が差す程度。この季節、うつ病になる方も多いと聞いています。

こういった天候事由以外にも、ストレスはたくさん。街に出ればスリが多く、道端にはホームレスや物乞いがたくさんいます。年中デモやストがあり、インフラが古いので予期せぬトラブルもしょっちゅう起きます。学校や会社では小競り合いばかり。サービスはないに等しく、人々のモラルも低い。騙されると、騙される方がバカだ、とあざ笑われる、それが現代フランスなのです。

こんな毎日だからこそ、義母は、**生活の暗さに呑み込まれることなくみんなが笑顔で暮らせるよう、せめて日々の暮らしを祝福しましょう、移りゆく季節を慈しみましょう**、と盛り上げてくれるのだと思います。

小さな幸せを見つければ毎日が〝ハレの日〟に

私も、義母のように、「ハレ」の日の盛り上げ方を見習いたい、と思うのですが、なかなか腰が上がらずにいます。気持ちはあるのですが、毎年、気づくと、日付けが過ぎているという。まだゆとりがないのでしょう。

それで、今は、私なりの方法で「ハレ」の日を楽しむことにしています。何をしているかというと、写真を撮って、SNSで共有するという、それだけです。

義母のパーティの一シーンや、季節の移り変わりを感じる花でも料理でも景色でも、「あ、素敵！」と心に留まったら、パチッとシャッターを押します。それをSNSに上げるのです。自分用なのでリアクションは求めていませんが、それでも「いいね」と思ってくださる方々がいると、まるで一緒にお祝いしているような気持ちになります。

義母とはスケールは異なりますが、今は、写真で、**「今日見つけた小さな幸せ」を記録し、そのことを感謝する**、それでいいのかな、と思っています。

季節の恵みはその時期だけのお楽しみ

人生は舞台だ、と言ったのはシェイクスピア。

学生時代にこの名言を聞いたときはピンときませんでしたが、フランスに来てから、なるほど、人生は舞台なのかも、と思うようになりました。少なくとも、私の周りの女性陣にとってはそうなのだと思います。暮らしの美を「演出」するのが本当に上手なのです。

何年か前の、田舎のシャトーで過ごした週末は今でも心に残っています。秋深まる十月後半のことでした。

ドアを開けると、エントランスにある大理石のテーブルの上には、ポタジェで採れた色・形様々なカボチャが飾られていました。サロンの、大きな花瓶には、ボルドー色の大輪のダリアが艶やかに生けられていました。

そこに登場した義母、義叔母、そして義姉。それぞれ、秋色の装いで、まあ美しいこと！　ツィードあり、マロン色あり、紅葉色あり。

食卓も、夏によく登場した、涼しげな青い花模様のテーブルクロスから衣替えし、柿色ベースの草木模様となり、お皿も、夏の、白に青い小花が散らされたリモージュ陶磁器から、ベージュのアンティーク・セットに変わっていました。

いざランチです。ポティマロン（西洋カボチャの一種）のポタージュにはジロール茸がアクセントに載せられ、メインはジビエのロティと、秋の風味が押し寄せてきました。

圧巻はデセール。この日は特別に、フルーツだけでした。でもそれがすごいのです。マリコルヌ窯の、足つきの大きなボウルに、庭で採れた葡萄があふれんばかりに盛られています。間にいちじくも、はち切れんばかりに熟れた姿を垣間見せています。

このいちじくといい、サロンに生けられたボルドーのダリアといい、秋の趣向の中に夏の名残をさりげなく見せるところがなんとも粋です。四季を大切にするのは、日本人のお家芸のはずなのに、義母達の方が上手です。敵わないなぁ、と頭を掻く私でした。

その年の冬のこと、義母と買い物に行きました。

野菜コーナーに、赤くてきれいなトマトがあったので、「買いましょうか」と聞くと、義母は手に取って、「オララ、こんなに堅いとテニスもできないわね」と皮肉付きで、元にあったところに戻されました。確かにフランスの冬のトマトは、表面は赤くて美味しそうでも、食べてみると堅くて味がありません。

そう、フランスも日本と同じで、真冬でも赤いトマトがあり、真夏でも林檎が売られています。それが美味しくないことは知っているのですが、私は習慣というか、惰性で買っていました。だけど、義母は、テニスボールのようなトマトは結構です、と戻される。

振り返ってみると、義母の家で、季節外れの食べ物や花を見た記憶がありませんでした。ポタジェやマルシェで、その季節ドンピシャリの作物のみを選び、食卓に載せるのです。

季節のものが主役の舞台演出を

それで見えてきたのです。義母の季節の演出が効果的な理由、それは引き算の演出法なのだな、と。私は、年中同じ食材、色彩、素材を使っていました。そこに季節特有の、果物や、飾り付けを上乗せしていた、だから、イマイチだったのです。

義母はそうではなく、**季節外のものには手を出さず、生活に強弱をつけて暮らしている。**

春を、夏を、秋も、そして冬をも、謹んで待ち、ようやく到来したらば、わーっとその季節を存分に楽しむ、そういう演出をしているのです。

抑えるところは抑え、見せどころがきたら、わっと見せる、義母の暮らしぶりを見ていると、本当に、人生は舞台だな、と思う理由です。

そこで私も真似することにしました。例えばトマトがないと、冬にトマトソースのパスタが食べられません。でも仕方がありません。多少の不自由は人生のアクセントです。

それまでは夏でも、クリームシチューやグラタンといった子ども人気メニューを作っていましたが、やめました。求められても、「寒くなってからのお楽しみね」とじらすのみ。

テーブルクロスも、秋冬は深い色、春夏は明るめに、と季節ごとに使う物を限定しました。そんなに数を持っていないので、その季節はワンパターンになりがちですが、その代わり、旬の花を飾る、その時節にあった箸置きを使う、といった、小さな季節の演出が引き立つことに気づきました。

義母達のような、豪奢な四季の舞台は作れませんが、私なりの、シンプルな舞台演出に、まずは満足しています。

フランスの子どもが騒がない理由

わが家の日曜日はミサで始まります。こんなふうに書くと、信心深いと思われそうですが、残念ながら、私はまだまだ信仰心が足りないダメ信者です。それでも教会に行くのは、教会の椅子に腰かけグレゴリアン聖歌の美しい歌声の中に身を置きたいから。ミサの間だけは、家のことや締め切りも忘れ、心静かに祈りたくて、教会に足を運ぶのです。

それなのに！

毎回、子どもたちの泣き声で心静かどころではないのです。

ベルサイユは子だくさんで知られています。カトリック教徒が多いからなのでしょう。子ども三人、四人は当たり前。兄弟間の歳も近いので、お母さんお父さんが大変なのは想像できますし、同情もします。教会に来て、神と一緒に心静かな一時間を過ごしたい気持ちも、大いにわかります。

でも、お願いだから幼子連れでミサに来ないでほしい、というのが正直なところ。司祭のお説教の肝心なところで、赤子が泣き声を上げる。よちよち歩きの子が通路に飛び出て走り始める。聖歌に合わせるかのように泣きわめく……。例を挙げるときりがありません。親ごさんたちは、外に連れ出したり、叱ったりするのですが、それも迷惑です。何せ相手は幼すぎますし、うるさいだけ。

他の参列者たちはどう対応するかというと、たまに迷惑そうに咳払いする人はいますが、直接注意する人はいません。個人主義の国ですから、他の家庭に口出ししないのでしょう。耐えきれない人は、黙って席を立ち、ミサを去ります。

私が幼子を持つ母親なら、ミサに与るのをあきらめると思います。もしくは、教会を変えて幼児預り所のあるミサに与るでしょう。周りの人に迷惑だとわかっていながら、赤ちゃん連れでくる神経がわかりません。

大体、赤ちゃん・幼児たちも、辛いだけだと思うのです。一時間もの間、「じっとしていなさい！」というのは幼児にとっては苦痛に他なりません。フランス人の親は何を考えているのだろう、と呆れていました。

そんな私の厳しい考え方が百八十度変わったのは、バカンス明けのミサでのことでした。朝、教会に向かう途中、見覚えのあるファミリーが前を歩いていました。それが聖歌に合わせて泣き叫ぶ、例のアンファン・テリブル（悪がき）の家族だとわかった時はうんざりしました。雄叫び坊主、年の頃は三歳くらいでしょうか。夏の間に随分少年っぽく成長していて、これはさらに声量アップしているぞ、と覚悟しました。

ミサが始まりました。司祭のお説教もバカンス明けは長めです。そのうち通路を走り回る子どもも出てきて、いつものシーン。やれやれ、と鼻白みながら、ふと他の列を見渡しました。すると、例の雄叫び坊主君は、ママンの隣にお行儀よく座っています。彼はうるさいだけでなく、じっとしていられない子だったのに。それでこの後も注視していると、聖歌が歌い上げられている間も、静かにしているではないですか！

それで、はっと気づき、記憶の糸をたどり、他の子連れファミリーもチェックしてみたのです。すると、司祭のお説教の間は毎回のように泣いていたあの子も、もう泣いていませんでした。走り回っている子どもはいるのですが、今までの子とは別の「新人」です。いつもの子はお父さんに寄りかかって、指をしゃぶっていました。

アンファン・テリブル達は、私が気づかないうちに成長して、静かにしていられるようになっていたのです。

「じっとすることを学ぶ」機会を奪わない

この過程を見て、フランスの子どもが公衆の場では騒がない理由はこれだったのか、と気づきました。**幼いうちから、静かにしていないといけない場に出し、少しずつ忍耐力を養うという経験型教育**。周りの大人たちは、それがわかっているから、迷惑でも我慢して見守っていたのでしょう。

この一件、色々と反省させられました。まず私の不寛容さには呆れるばかり。批判するだけではだめですよね。

また、子育てについても大いに考えさせられました。私は息子たちが幼かった頃、退屈するとうるさくなるから、と、本を読ませたり、ゲームを許したりしていました。あれは、息子たちがじっとすることを学ぶ機会を奪ってきたのかもしれません。

子どもは周りの大人を見て学びます。寛容な大人になってほしいのであれば、私が見本を示さなくては、ですね。ほかにも、どんな見本を示すべきなのか、考えています。

政治ウォッチは〝エキサイティング〟

「政治と宗教と金の話はタブー」というのは、万国共通、昔から言われていること。この三つは、相手のプライバシーに踏み入りかねないから、要注意、ということですよね。でも、これは今の時代も変わらないのでしょうか。

フランスではどうか、というと、お金の話は、じわじわと拝金主義が侵食している現代フランスでも相変わらずタブーです。妬みの種をばらまくことになりかねません。宗教の話もタブーとまではいいませんが、信仰はとてもプライベートな話。よほど気心が知れた仲でないと、話しづらいトピックのようです。

そして**政治**。**このトピック、フランスではもはやタブー視はされていない**といってよいでしょう。社員食堂でも、ママ友の集まりでも、男女差なく政治に関心を持って意見交換されています。家族・親戚で食事をする時などは、みんなが会話に参加できる共通の話題でもあるので、ほぼ毎回政治の話で盛り上がります。

義理家族の政治の話を聞いていると、よく勉強されているな、と感心します。特に義母は大きな動きが報じられると、新聞や政治記事を読み込み、関連本にも目を通されているようです。歴代仏大統領のメモワール（自伝）、そして、批判本も読破されています。

そういった知見があるからでしょう。政治の話をしている時の義母は言葉の歯切れもよく、凜としていてとてもスマートです。真のエレガンスは、やはり知性なくしてはありえないのだな、と再認識する時です。

また、政治といえば選挙。義母達は、大統領選でも、地方選挙でももちろん投票に行かれます。別荘にいても、二五〇キロを運転しパリに戻って投票されます。

ご立派ですね、と言うと、

「当たり前のことではなくて？　投票は権利であって、義務でもある、とわたくしは考えていますの」

と優等生なお答えが。でも、ここでふっと表情をゆるめられ、

「わたくしの一票が何かを変えると夢見ているのではないのよ。でも、この『参加している』というセンセーションが『エキサイティング』ではなくて？」

確かに義母達の選挙の日は「エキサイティング」です。

朝、「投票に行ってきましたわ。並んでましたわよ。あなたは?」という報告から始まり、開票速報が入るたびに、家族のグループチャットが行き交います。こうなるとお祭り騒ぎ。支持している政治家が当選すれば、シャンパーニュも開けます。一方落選しても「万事塞翁が馬」と立ち直りも早く。グジグジと落ち込んだり、絶望したりしないのです。「政治なんて、真剣に追っていたら病気になりますからね。距離を持って監視する、そういう冷静さを保てるよう心がけています。政治は利権争い、汚職、スキャンダル、とがっかりすることばかり。でも、だからと言って、みんなが政治の情報をシャットアウトしていたら、この国は退廃しますよ。

そうならないよう、**政治ウォッチを続けること。そして投票は必ずして、楽しめるところを楽しむ**。行き過ぎがある時はデモに参加しますわ。あれも楽しいのよ」

とウィンクする義母。実は、私も夫に引きずられて、フランスのお家芸であるデモに参加したことがあります。家族参加型デモだったので、まだ幼かった息子達はキックボードを蹴りながら、おやつも持って、まるでピクニック。セーヌ川沿いからエッフェル塔を眺め、アンバリッド寺院まで五キロほどを、大勢のデモ参加者と共に練り歩いたのです。あの連帯感は、初めて経験する温かさでした。

残念ながらデモの成果なく、政策は変わらずじまい。それでも、反対の声が上がったという記録を残したことだけでも、意義があったと確信しています。

政治はちょうどよい距離感で

日本では、お金、宗教、政治、どの話題も相変わらずアンタッチャブル、ですよね。政治の世界も相変わらず男性社会、投票率は低下する一方という。でも、みなさん政治に関心がないかと言われればそれも違うような印象を受けるのですが、どうなのでしょう。

最近は女性誌にも政治のページができたと聞いています。フランスのように、ママ友とのお茶で政治の話が出てくる日も近そう。今はメディアが多いので、自分に心地よい情報にだけ耳を傾けてしまうリスクがあります。ゆえに、リアルな意見交換は大切です。

政治の話は批判になりがち。真っ当な批判はすべきだと思いますが、どんな時も、感情をコントロールし、言葉遣いには気をつけたいものです。義母が言うように、**距離を保って、楽しむくらいの気持ちで、突きはなしながらもしっかりウォッチする。これがエレガントな政治との付き合い方**なのかな、と思っています。

時間がなくてもバカンスは楽しめる

フランスと言えばバカンス。八月に入ると、海辺へ、山へ、海外へと移動するので、街は空っぽになります。私が暮らすベルサイユはその典型。七月半ばから、家という家の雨戸が閉められ、人影がなくなります。時折、数匹の犬を散歩に連れている、ドッグ・シッターを見かける程度。この状態が一ヶ月以上続くのです。

でも、フランス型バカンスの素晴らしさは単に長いから、ということではないと私は考えています。**のんびりと欲張らないで過ごす、そこも大切なポイント**だと思うのです。

フランス型バカンスは、サマーハウスにどっかりと腰をおろし、のんびり過ごします。わが家も、バカンスの時は義理両親のシャトーに滞在するか、海辺にあるサマーハウスを二週間なり三週間なりレンタルして、あとは動きません。夫の頭には、次から次へと街を渡って観光するという概念はなく、一度「バカンス・モード」に入ると、彼の体内時計はのんびりと時を刻み始めるのです。

目的地に着くと、子どもたちは、「ここへ行こうよ、あそこへ行こうよ」とせがみますが、夫は「うーん、明日ね」と先延ばししてばかり。子どもたちは、多少不服そうではありますが、その代わり、普段はさせてもらえないこと——夜ご飯のあとで海岸を散歩したり、夜空の下プールで泳いだりと、まさに目を閉じる瞬間まで遊ばせてもらえるので、こういうバカンスも、よし、としているようです。

そんなバカンスの帰り道、車中の夫の横顔はリラックスしています。いつもの眉間の皺も消えているし。それを確認するたびに、こういうバカンスは大切だ、と思うのです。

「こういう」バカンスとは、一つには長いことを指しています。フランスにも、祝日も連休もあるのですが、それでは取れない疲れがあります。人間たるもの、年に一度は二週間以上の連続休暇が必要なのではないか、と夫を見ていて感じます。

もう一つ大切なことは、のんびり過ごすことです。「でも、それには結局時間が必要ということでは?」——いえいえ、それが必ずしもそうではないのですよ。

日本に帰省した際、実家の母と北海道を旅行した時に感じたことがあります。

二人とも久しぶりの北海道だったので、観光とグルメを楽しみにしていました。ところが、到着してみると予想以上に寒く、二日目は雪まで降り始めたのです。母は高齢ですから足場も不安で観光はほとんどせずじまい。屋内でゆっくりできるところを探し、図書室を改造したという歴史カフェでパフェをつくくらいのことしかできませんでした。

それでも、この旅、心に残るよい旅でした。過去に何度も一緒に旅行をしてきましたが、この旅が一番よかった、と母も言っています。

ホテルでのんびりしたので身体への負担がなく、欲張らずに観光したので、観たものの印象が深く刻まれたように思われます。食事も、「あのパフェ、美味しかったわね」と今でも思い出されるほど。

そして、この北海道旅行を思い出すたびに、なぜか夏のバカンスのことを考えるのです。何か共通点がある、何だろう、と。

それが、ある時、ふっとわかったのです。心の満たされ方が似ているのだ、と。

そこから、もう少し考えを深めていくと、どうやらフランス型バカンスのエッセンスは、「欲張らない旅スタイル」にある、ということがわかってきました。

フランスのバカンスといえば、日数が長いことばかりに注目してしまいますが、それだけではない。**あれやろう、これやろう、と欲張らないから、一つひとつの思い出が鮮明に残る**のです。

厳選したぶんだけ時間は濃密になる

休暇が短いと、せっかく来たのだから、とあれこれ欲張ってしまいがちですが、詰め込んでしまったら逆に時間のクオリティーは下がってしまうでしょう。

そうではなく、もっと控えめに旅程を立ててみてはいかがでしょうか。旅のよさは、いつもとは違う場所に行き、その風景の中に自分の身を置いてみること。もう移動した時点でそれはクリアしているのですから、あとはオマケみたいなものです。観たいもの一つ、会いたい人一人、食べたいもの一つ、と絞りに絞って、あとはその余韻を楽しむ。それくらいの心構えでいた方が、よい休暇になるような気がします。**休暇が短くとも、充実した濃い時間を過ごせたならば、心のリセットはできる**のです。

——とは言うものの、日本の休暇、もっと長く取れるようになるといいですね。ちなみにフランスで一般の人もバカンスを楽しむようになったのは、戦後、経済が落ち着いてきた五〇年代のこと。そんな昔のことではないのです。

日本でも「バカンス革命」が起きることをベルサイユの片隅で願っております。

おわりに――フランス伯爵家に嫁いでみつけた「エレガンスの答え」

屋根裏の仕事部屋より、ベルサイユの街を望みながら執筆にあたったこの数ヶ月。まもなくペンを置く時が来ようとしています。窓から見える背の高いプラタナスの街路樹も、書き始めた頃は、枯葉が数枚枝に引っかかっているだけでしたが、気づくと季節はめぐり、今や並木道は緑の回廊となっています。

これまで、義母達をはじめ、私にエレガンスの真髄を教えてくれた方々との思い出を掘り起こしてきました。本文を読み返すと、私もずいぶん偉そうなことを言っていますが、本当はもっと恥ずかしい失敗をたくさんしています。若かった頃は、義母達が何かを教えてくれても、心の中で反発してばかりいました。言われたことの上辺しか見えていなかったからそう思ったのでしょう。

でも今、ようやく少し深いところが見えてきたような気がしています。**エレガンスは、「繊細で美しい」だけではなく、「あってもなくてもよいもの」でもない。実はしなやかでいて、人が生きていく上で不可欠な〝強さ〟なのではないか、**と思うのです。

義母達はそんな「しなやかな強さ」を幾度となく教示してくれました。コロナ禍においても然り。本書を執筆中、新型ウイルスが蔓延し、フランスは約二ヶ月間ロックダウンされました。これからはどんな世界になるのでしょう。ワクチンは？　経済は？　不透明な今後に気持ちが塞ぎます。

それでも、義母達は動揺されることなく過ごされています。長い外出制限中も、普段と変わらずシックな装いに身を包まれ、手に入るもので食卓を飾っていました。

フランス人は、感情を見せることを躊躇しません。やり場のない怒り、そして不安からヒステリックに振る舞う人が多い中、

「だからこそ、わたくしは、いつもと変わらずに過ごします。不自由さも受け容れて、今ある時間を、今できることをして暮らしておりますの。どんな日も味わい深くなるものですよ」

と言う彼女たち。ご自分を満たす術《すべ》を熟知されています。そんな彼女達の暮らしぶりを見て私も気持ちが落ち着いたものです。

義母達の暮らしぶりを見ているうちに、彼女達がこだわっているのは、表面的な美しさではないということがわかってきました。義母達には信念があるのです。毎日の暮らしの中で、それを実践しているのです。

その信念、代弁すると、「良く生きたい」ということだと思います。もっとかみ砕くと、**自分にも、周りにも良い影響を与える生き方をしたい、という思い**。利己主義が雑草のようにじわじわと社会を覆いつつある中、義母達は、「わたくし達はそういう教育を受けておりません。人として目指すべき在り方は、そういうものではないでしょう」と、毅然

としてご自分の信念を貫きます。

パニックの中でも落ち着きを失いません。まるで威厳ある領主のように、良き見本を示します。人々が好き勝手やっていても、義母達は周りが不快にならないよう気を配ります。これは服装に然り、立ち居振る舞いに然り。会話も、自分のことを話すより、よい聞き手であろうとします。

このような一つひとつの小さな行動に、彼女達の良く生きたい、という思いを感じるのです。


この**周りを思いやる気持ちこそが、エレガンスの真髄**なのかな、と、今、ようやく答えにたどり着けた気がしています。

周りを思いやる、これは簡単なようで難しいこと。自分がない――言い換えると、自分で自分を満たせないと、薄い同情や過剰な献身しかできません。そうではなく、自分を損なわずに、周りに真の心遣いを示すことができる。そういう力をエレガンスと呼ぶのだと思うのです。

自分と同じように他を思う気持ち。それが自分に返ってくる時に、エ

レガンスという形となっている、そういうことなのだと思うのです。

さて、エレガンスを語るに一番ふさわしくない私による「エレガンスへのガイダンス」もここで終わります。そういう私だから伝えられることがある、と信じて書いてきましたが、どうでしたでしょう。とにもかくにも、ご高読頂き、心より感謝しております。Merci beaucoup!

また、この場を借りて、本書の「メイキング・オブ」をご指導くださった大和書房の篠原明日美氏に心より感謝の意を述べたいと思います。彼女なしでは、この本を書き上げることはできませんでした。ありがとうございました。また、素敵なイラストを描いてくださった石井理恵氏、装丁の高瀬はるか氏にも御礼を申し上げます。このような美しい本に仕上げてくださり、ありがとうございました。

またどこかで皆さんとお目にかかれますように。Au revoir!

二〇二〇年六月、ベルサイユにて。

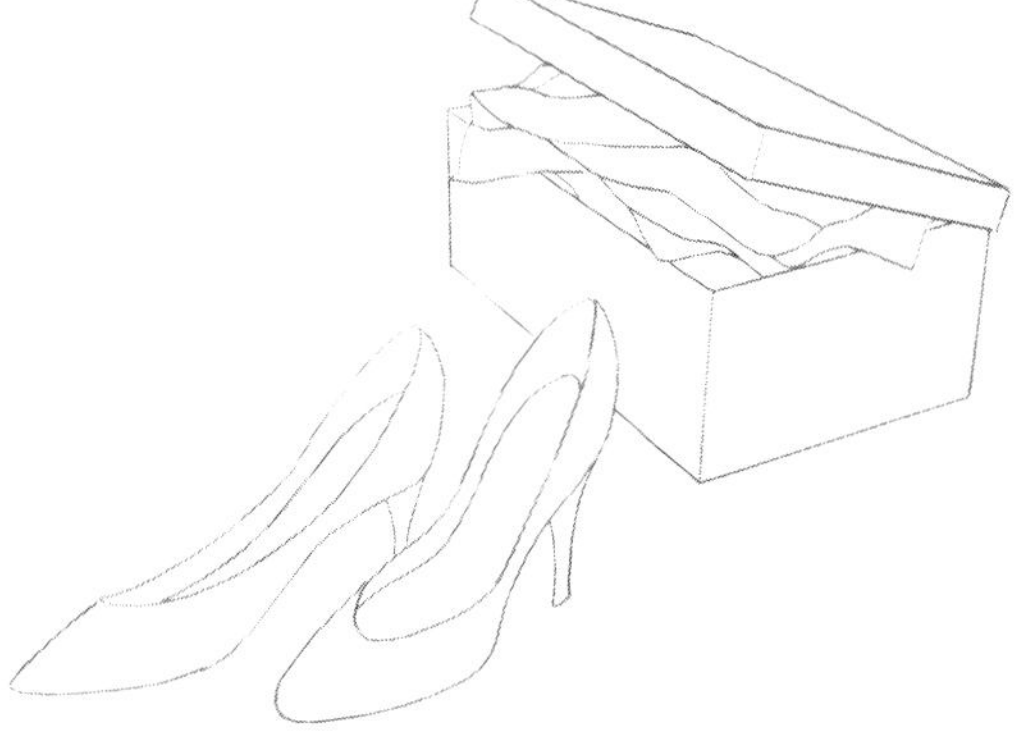

著者プロフィール

ドメストル美紀（Miki de Maistre）

東京女子大学、INSEAD（旧欧州経営大学院、フォンテーヌブロー校）卒業。

航空会社、投資銀行勤務を経て、現在は執筆活動に勤しむ。18世紀から続くフランスの伯爵家に嫁ぎ、ベルサイユにてフランス人の夫、男子二人、愛猫マエストロと共に暮らす。

執筆：コラム『フランス貴族に嫁いでみたら』（2016年、NHK 出版）、著書に『イサムとタケルのミラクルジャーニー』（2015年、MyISBN 出版）、『フランス伯爵夫人に学ぶ 美しく、上質に暮らす45のルール』がある。

instagram：@mikidemaistre
note：note.com/lazyelephant

どんな日《ひ》もエレガンス
2020年 7 月30日　第 1 刷発行

著　者　　ドメストル美紀《みき》
発行者　　佐藤　靖
発行所　　大和《だいわ》書房
東京都文京区関口 1-33-4
電話　03-3203-4511

ブックデザイン　高瀬はるか
イラスト　石井理恵
本文印刷所　信毎書籍印刷
カバー印刷　歩プロセス
製本所　小泉製本

ISBN978-4-479-78510-1

http://www.daiwashobo.co.jp